遺言書作成のための
適正な
遺産分割
の考え方・やり方

弁護士
芳賀由紀子

同文舘出版

プロローグ

相続税法の改正により、平成27年1月から相続税の基礎控除額が引き下げられ、従来よりも多くの人が相続税の課税対象となりました。

この改正をきっかけに、みなさんの相続に対する関心が高まっており、相続税対策を謳った多くの書籍が出版されたり、セミナーが開催されたりしています。

しかし、これはあくまでもお金の問題です。

たしかに、相続にあたって、税金を多く支払わなくて済むよう対策を練るということは重要なことかもしれません。

一番重要なのは、相続において、遺された人たちがもめないことです。

なぜ、遺産分割で人はもめるのでしょうか。

それは、納得できないからです。相続において争う余地があり、自分が損をしていると感じるからです。

相続においては、ちょっとしたことから親族間で不信感が芽生え始め、ほんの少しの気持ちのずれからあっという間に紛争は大きくなり、仲の良かった親族が二度と口をきかない間柄になってしまいます。

遺産分割で争うことになった親族の多くが、その後、憎み合い、一切の連絡を取らなくなってしまったということは本当によくあることです。

みなさん、自分のところはそのようなことには絶対にならないと思っているようですが、そんなことはありません。

私が弁護士になって経験した遺産分割争いの多くが、かつては仲の良かった親族によって繰り広げられたものだからです。

私は、弁護士の仕事を通して、数多くの遺産分割争いに接してきました。そこで、強く感じたのが**「争いを招かない遺産分割を定めた遺言書の必要性」**です。

争いを招かない遺産分割を定めた遺言書を書くために必要となる法律の知識は、それほど難しいものではありませんし、準備もそんなに大変ではありません。

一方で、これらの手間を惜しんで、自分にどのような相続財産があるのか、誰にどのような形で分け与えたいのか、しっかり検討することをせず、適正な遺言書を書かなかったことで生じる遺産分割争いがもたらす損失というものは計り知れないものがあります。

そこで、みなさんには、ぜひ「争いを招かない遺産分割を定めた遺言書」を作成してほしいのです。

本書では、具体的なケースを用いながら、できるだけわかりやすく、「争いを招かない遺産分割」とはどういうものか、そして、そのための「遺言書」をどうやって作成するかについて説明しています。

本書が、少しでもみなさんのお役に立ち、一人でも多くの人が「争いを招かない遺産分割を定めた遺言書」を作成し、大切な親族が苦労し、傷つくことを避けることができれば幸いです。

平成27年3月

弁護士　芳賀由紀子

遺言書作成のための 適正な遺産分割の考え方・やり方　目次

第1章　遺される家族のためにやっておくべきこと

プロローグ …… 10

1. 遺産分割を事前に考えていないとどうなるか？ …… 13
2. まず、自分の財産を把握しよう …… 17
3. 相続財産メモを作ろう …… 22
4. 生命保険金は相続財産？ …… 24
5. 現在ある財産、将来増える財産・減る財産 …… 27
6. 借金はどうなるの？ …… 33
7. 財産をどう評価するか？ …… 38
8. 相続財産メモで必ずチェックしておきたいこと ……

第2章　遺産分割でよく争いになるケース

ケース① ハンコ代とは何か？　まず、相続関係説明図を書いてみよう

相続人は誰か？ …… 42
法律で決められている相続割合とは？ …… 43
…… 49

ケース② 隠し子って遺産もらえるの? ……… 52
　遺産をもらうためには認知が必要。非嫡出子は嫡出子とどう違う? ……… 55
　相続人はどのように調査したらよいのか? ……… 56
　解決策：親が生前に子どものためにやっておくべきこと ……… 58

ケース③ 親の家は誰のもの? ……… 60
　持ち家を分ける方法は三つある ……… 62
　それぞれのメリット、デメリット ……… 64
　解決策：親が生前に子どものためにやっておくべきこと ……… 67

ケース④ 生前に財産分与とみられる行為があったら? ……… 69
　「特別受益」があった場合の各自の取得財産の計算方法 ……… 72
　特別受益として認められるもの、認められないもの ……… 74
　持ち戻し免除の意思表示があった場合には持ち戻しをしなくてもよい ……… 76
　解決策：親が生前に子どものためにやっておくべきこと ……… 80

ケース⑤ 介護の苦労は評価される? ……… 81
　寄与分とは? 寄与があったと認められる場合はどうなる? ……… 84
　寄与行為が認められる場合、認められない場合 ……… 86
　寄与分はどうやって算定するの? ……… 88
　解決策：親が生前に子どものためにやっておくべきこと ……… 91
　　　　　　　　　　　　　　　　　　　　　　　　　　　　　　93

第3章 財産の分け方を考えよう

ケース⑥ 同居して商売を手伝ってきたことが遺産分割に反映されるか？
　事業を手伝ってきたことは寄与行為にあたるか？ ……97
　同居して兄夫婦の嫁が家事を負担していたことが寄与行為にあたるか？ ……99
　解決策：親が生前に子どものためにやっておくべきこと ……101

ケース⑦ 事業承継の問題と遺産分割
　事業承継における遺留分の問題と株式の分散による不都合 ……103
　遺留分の考え方 ……105
　遺留分権利者と遺留分割合 ……107
　遺留分を侵害しない分け方を考える ……109
　解決策：親が生前に子どものためにやっておくべきこと ……111

1 相続人は誰か？ ……114
2 法定相続分を知る ……118
3 生前贈与はあるか？ ……120
4 自分に貢献してくれた人はいるか？ ……123
5 遺留分を侵害しない分け方を考える ……126
6 法定相続分を知る ……128
7 特定の誰かにあげるべき財産はあるか？ ……130
8 どのように遺産分割するか書き出してみよう ……131
　みんな平等でも、それぞれの子どもが得をしたと思える財産の分け方とは？ ……132

第4章 さあ、遺言書を作ろう

1 なぜ、遺言が必要なのか？ ……138
2 遺言書はいつ作るべきか？ ……141
3 遺言の種類（自筆証書遺言、公正証書遺言、秘密証書遺言） ……144
4 自筆証書遺言を作ってみよう ……147
5 公正証書遺言を作ってみよう ……154
6 遺言書は、想いが変われば何度でも書き直すことができる ……160
7 遺言書を作成するときに注意したいこと ……163
8 遺言書の内容を実現してくれる遺言執行者の指定 ……167
9 遺言書の作成と同時にやっておきたいこと ……171

第5章 事例別文例　遺言書はこう書く！

法定相続分にしたがったスタンダードな遺言書 ……176
同居している二女に自宅を与えたい場合の遺言書 ……177
家業を無償で手伝った長男に財産を多く与えたい場合の遺言書 ……178
長期にわたる介護を行った長女に財産を多く与えたい場合の遺言書 ……179
結婚の際に支度金を受けた長女の特別受益を考慮する場合の遺言書 ……180
長男に事業を承継させたい場合の遺言書 ……181

再婚相手の連れ子に財産を与えたい場合の遺言書(養子縁組していない場合) ……… 182
死後にペットの世話を頼みたい場合の遺言書 ……… 183
配偶者も子どももいない場合の遺言書(パターン1) ……… 184
配偶者も子どももいない場合の遺言書(パターン2) ……… 185
財産を残したい人が先に死んでしまった場合に備える遺言書 ……… 186
葬儀等のやり方に希望がある場合の遺言書 ……… 187

エピローグ

巻末付録 エンディングノート&スターティングノート

装　丁　新田　由起子(ムーブ)
DTP　春日井　恵実

第1章

遺される家族のためにやっておくべきこと

1 遺産分割を事前に考えていないとどうなるか？

「うちにはそんなに財産はないから大丈夫」
「親族の仲は良いから、もめるなんてありえない」

多くの人はそのように考えて、事前に、遺産分割の問題と向き合おうとしません。

しかし、いったん相続が始まってしまうと、ほんのささいなことから遺産分割争いが始まります。大いにもめて、口もきかないような仲になってしまいます。

私は、弁護士という仕事柄、数多くの遺産分割争いを見てきました。

みなさん口をそろえて言うことがあります。

「うちの家族は仲が良かったから、こんなことになるとは思わなかった」

しかし、どんなに仲の良い家族であっても、遺産分割の場面では争いが生じる可能性があります。

でも、人間というものは、どこかに**「損をしたくない」**という気持ちがあるものです。

そして、**遺産分割の場面ではそれが色濃く出てしまう**のです。

ほんの少しの気持ちのずれから、あっという間に紛争が大きくなり、仲の良かった親族が二

10

第1章　遺される家族のためにやっておくべきこと

度と口をきかない仲になってしまいます。

遺産分割で争うことになった親族の多くが、その後、事実上の縁切りをして、一切の音信を断つということは実際によくあることなのです。

また、子ども（兄弟姉妹）同士は仲が良くても配偶者がいれば話は別で、その配偶者の意向から紛争がどんどんこじれてしまうという例も数多くあります。

このような悲惨な結末にならないようにするためには、遺産分割について、

① **事前にしっかりと考え、**
② **対策を練っておくこと**

が何よりも重要です。

そうすることで、**ほとんどの遺産分割争いは防ぐことができます。**

その手間を惜しんでしまったばかりに、予想もしなかった凄まじい遺産分割争いに発展するケースが少なくありません。

それから、自分にはどのような財産があるのかを、遺される人にわかるようにしておかなければなりません。そうしておかないと、遺された人は、故人の財産について何がどこにあるのかがわからず、大変苦労します。

亡くなった人の財産を探すことは、思った以上に大変なのです。

亡くなって何年後かに通帳が出てきて、遺産分割協議をやり直すことになったケースもあり

11

ます。

そして、仮に、財産のありがかがわかったとしても、**どの財産を誰に分けるかという大きな問題**があり、故人の想いがわからないと、遺された人たちの利益がぶつかり合うことになるのです。

そのため、みなさんには、**生前にしっかりと遺産分割の問題に向き合い、対策を練っておいていただきたい**のです。

そうするだけで、**ほとんどの遺産分割争いは防ぐことができます。**

死んだ後では、想いを伝えることはできません。

手遅れにならない元気なうちに、自分にどのような相続財産があるのか、誰にどのような形で分け与えたいのか、しっかりと検討することが必要です。

そして、相続財産を遺す側と遺される側が一緒に考え、話し合う場を作ることができれば理想的だと思います。

では、遺恨を残さない、適正な遺産分割のために、みなさんは、これから何をやっていったらよいのでしょうか。

これから、それを順番に説明していきたいと思います。

2 まず、自分の財産を把握しよう

まず、適正な遺産分割を行うためには、自分の財産を把握することが大前提となります。

なぜならば、適正な遺産分割のためには、

① **自分の財産の状況をよく知り、**
② **その財産について何ができるか、**
③ **今ある財産をどう分けるか、**

をしっかりと考えていくことが必要だからです。

例えば、**自分の財産が現金のみの場合には、**そう頭を悩ませることもありません。なぜなら、現金は等分することも可能だし、分けたいように自由に分けることができるからです。

一方、土地や建物の場合には、これらを等分するということは難しく、相続人の「誰」に「何」を与えるかということを考える必要が出てきます。

そして、**相続人の間に不平不満が出ないよう、**「なぜ、この財産をこの人に与えることにしたのか」ということまで、しっかりと遺された人たちに伝えることが必要となります。

遺恨を残さない相続のためには、何よりも相続人一人ひとりが「自分は尊重されている」と思えるように遺産を与えることが重要なのです。

そして、遺恨を残さない相続にするためには、どのような相続財産があって、その**各々の相続財産が、相続人にとってどのような意味を持つか**を考える必要があります。

例えば、親名義の家に子どものうちの一人が同居している場合には、親名義の家が遺産分割によって別の子どもに与えられてしまえば、同居していた子どもは出ていかざるを得なくなってしまいます。

また、親が子どものうちの一人と事業を営んでおり、会社の株式はすべて親が持っているという場合、事業に携わっていない子どもたちにまで株式を与えるのか、与えた場合には事業にどのような影響があるのかということを考える必要が出てきます。

以上のことからも、適正な遺産分割について検討するためには、まずは、**自分の財産を把握し、その財産が遺された人にとってどのような意味を持つか**をしっかりと考える必要があることがわかると思います。

また、どのような相続財産がどこにあるのかを記したリストを残しておくことで、相続開始後に、遺された人たちがあれこれと探さずに済み、円滑に相続を進めることができます。

では、自分の財産について把握することの重要性がわかったところで、**あなたの財産をリストアップ**してみましょう。

14

第1章　遺される家族のためにやっておくべきこと

現金、預貯金、株式、国債、土地、建物、自動車、生命保険、美術品など、価値があると思えるものをひととおり思い浮かべてみましょう。

現金は今、手元にいくらあるのでしょうか。どこかに保管していたり、人に預けていたりはしませんか。

預貯金は、どの金融機関のどの支店にいくら預けているのでしょうか。通帳やキャッシュカードを確認してみましょう。ネット銀行の場合にはパソコンで確認しましょう。

株式、国債などで、そのまま放置していたものはありませんか。どのような銘柄や債権で、現在の評価額はいくらになっているのでしょうか。

生命保険はありませんか。保険証券を確認し、保険会社や保険の内容がどうなっているか、死亡時には誰がいくら受け取ることになるかなどを、もう一度確かめてみましょう。

土地や建物などの不動産はありませんか。権利証や登記簿謄本、地積測量図、建物図面など手元にあるものから、まず、その存在を確認しましょう。

自動車はありませんか。車検証や登録事項証明書の保管場所を確認し、車種や年式から現在の自動車の価値がどのく

らいか調べてみましょう。

また、**借金がある場合には**、忘れずに、

①**誰に、**
②**いつ、**
③**いくら借りたのか、**

を契約書などを見て、確認しましょう。**マイナスの財産も相続人には引き継がれる**ので、借金があることを遺された人に伝えておくことは重要です。

3 相続財産メモを作ろう

では、現在ある財産をおおまかに把握できたとして、すべての財産が相続財産となり、遺産分割の対象となるのでしょうか。

答えは「NO」です。

法律では、**権利義務の性質上、亡くなった人（被相続人）のみに関わるものは対象にならない**とされているからです。

では、**どのような財産が相続財産となるのでしょうか**。

一緒に見ていきながら、自分の財産について、相続財産メモを作っていきましょう。

① 現金

相続財産になります。ただし、現金については、使うことで日々変動がありますので、まめにチェックすることが重要です。

② 預貯金

相続財産になります。複数の金融機関に口座がある場合、それぞれの金融機関の通帳やキャッシュカードを確認し、金融機関名、支店名、口座の種類、口座番号、残高などをメモしておくとよいでしょう。

また、名義預金といって、子どもの名義で親がお金を出して預金口座を作っていたというような場合も実質的には親の財産ですので、相続財産となり、注意が必要です。

さらに、最近はネット銀行の利用が盛んになってきています。ネット銀行については通帳などがないため、家族がこれに気づかず、ずいぶん後になってから多額の預貯金があったことが判明するなどの事態が起こっています。

このようなことがないよう、その存在を明らかにしておくことが必要です。

③ 株式、国債など

相続財産になります。株式については、銘柄、株式数、預け先、評価額などを、国債の場合には、債権の内容、数量、預け先、評価額などをメモしておくとよいでしょう。

④ ゴルフ会員権

相続財産に含まれるものとそうでないものがあります。ゴルフ会員権については、その権利

第1章　遺される家族のためにやっておくべきこと

内容が会員規約によって個別に定められているため、例えば、会員規約によって相続が禁止されていれば（会員の死亡が資格喪失要件になっているなど）、会員権は相続財産に含まれないことになります。

一方、会員規約に相続禁止の規定がなく、会員権の譲渡によってその会員の交替が予定されているものについては、相続の対象となると考えられています。

まずは、ゴルフ場などに問い合わせてみるのがよいでしょう。相続財産に含まれる場合には、ゴルフ場の名前、証券番号、預託金の有無、評価額などをメモしておくとよいでしょう。

⑤生命保険金

保険契約の内容によって、相続財産に含まれる場合とそうでない場合があります。

まず、「相続人」が保険金の「受取人」として指定されている場合には、相続財産には含まれません。これは、受取人として指定された相続人の固有の財産となるからです。

一方、被相続人自身を「受取人」とした場合には、相続財産になります。

生命保険金について、詳しくは22ページで説明しています。

⑥土地、建物

相続財産になります。土地や建物といった不動産は、現金と異なり、相続人の間で均等に分

19

けることが難しく、また、分割という方法を取ると価値が下がってしまう場合もあるので、事前に遺産分割を考えていないと争いの種になってしまいます。

土地や建物については、不動産登記簿謄本と一緒に、所在、地番、地目、地積、評価額をメモしておくとよいでしょう。

⑦自動車、その他（高価な物）

自動車や貴金属、書画、骨董品なども相続財産となります。もっとも、これらは価値を評価することが非常に難しく、遺産分割争いになったときにはその評価額が問題となります。専門家に鑑定を依頼し客観的な評価額がわかっている場合はよいのですが、そうでない場合には購入したときの金額などおおよその目安を書いておくといいでしょう。

⑧借金

借金といった負の財産も相続人が相続することになりますので、注意が必要です。

借金については、金銭消費貸借契約の相手方、返済日、金額などをメモしておくとよいでしょう。

第1章　遺される家族のためにやっておくべきこと

相続財産メモ

〈現金〉

保管している場所もしくは人	金額

合計

〈預貯金〉

金融機関	支店	種別	口座番号	金額

合計

〈株式〉

銘柄	株数	預け先	評価額

合計

〈国債等〉

債権の内容	数量	預け先	評価額

合計

〈生命保険〉

保険会社	証券番号	被保険者	受取人	金額

合計

〈土地〉

所在	地番	地目	地積	評価額

合計

〈建物〉

所在	家屋番号	種類	床面積	評価額

合計

〈自動車〉

車種	年式	評価額

合計

〈その他〉

資産名	保管場所	評価額

合計

〈借金〉

相手方	返済日	金額

合計

〈すでに贈与した財産〉

資産名	日付	贈与した人	評価額

合計

4 生命保険金は相続財産？

被相続人が死亡した際に受け取ることができる金銭として、生命保険金があります。

はたして、この生命保険金は、遺産分割の対象となる相続財産に含まれるのでしょうか。

答えは、NOです。

生命保険契約は、第三者のためにする契約なので、保険金の受取人として指定された人が**生命保険金請求権を自分の固有の権利として取得**します。

このため、**遺産分割の対象となる相続財産には原則として含まれません**。

もっとも、生命保険金の額が高額で、生命保険金を受け取った相続人があまりにも有利になってしまう場合には、相続人の間の公平を欠くとして、生命保険金を持ち戻した上で遺産分割を行うことになります。

すなわち、生命保険金の受取人である相続人と他の共同相続人との間に生ずる不公平があまりにも著しい場合には、遺産分割にあたっては特別受益（第2章ケース④で詳しく説明します）に準じて持ち戻しの対象となり、生命保険金（特別受益分）を相続財産とみなして相続額を計算し、生命保険金（特別受益）の受取人は、相続分から生命保険金（特別受益分）を差し引い

22

た価額を相続分として受け取ることになるのです。

なお、生命保険金は遺産分割の対象となる相続財産には原則として該当しませんが、相続税などの課税対象になりますので注意が必要です。

もっとも、被保険者、保険契約者、保険金受取人が誰かによって、課税される税金が「相続税」なのか「所得税」なのか「贈与税」なのか異なりますので、詳しいことは税の専門家である税理士に聞くのが賢明です。

5 現在ある財産、将来増える財産・減る財産

ひととおりの相続財産をピックアップできたところで、ひとつ注意していただきたいことがあります。

それは、今、相続財産メモに書き出してもらった財産は、**現在ある財産であって、遺産分割時の遺産とはイコールではない**ということです。

そして、相続が開始するのは、**人が死亡した時**です。

死亡時期は人によってそれぞれ異なります。

余命宣告をされている方であれば、もしかしたら半年から1年といった場合もあるでしょう。

しかし、ほとんどの方は何年後のいつ亡くなるかまでは知ることはできず、例えば60歳の方であれば、平均寿命付近の80歳くらいまで生きると想定するのではないでしょうか。すると、残りの人生は20年ということになります。

このため、遺産分割が行われる時には、現在ある財産とは異なる形の遺産になる可能性があるということを頭に入れておかなければなりません。

つまり、遺産分割を考えるときには、**現在ある財産**が、将来増える可能性があるのかないの

第1章　遺される家族のためにやっておくべきこと

か、減る可能性があるのかないのかを考えておくことが必要となるのです。

例えば、**将来増えていく財産**としては、**支出よりも収入が多い場合の預貯金**が考えられます。子どもが成長してからは子どもにかけていた食費や教育費、その他もろもろのお金がかからなくなりますので、昔ほど出費しなくなります。

もっとも、昔は働いていたけれど現在は年金暮らしで収入はわずかしかなくなっているという場合には、収入と支出が同じくらいで、預貯金は増えていかないということもあるかもしれません。

しかし、近年、シルバー世代の人たちが退職後に再就職して賃金を得るということもめずらしくはなくなってきましたし、年金と合わせると結構な収入になっている人たちもいます。

また、賃貸物件を所有し、その賃料収入で悠々自適に暮らしている人たちもいます。そのような人たちの場合、少しずつ預貯金が増えていく可能性があります。

なお、株式や国債など価値が変動する財産は、相続開始時に増えているかもしれないし、減っているかもしれないという点で注意が必要です。

次に、**減っていく財産**です。

増える財産よりも重要なのが、減っていく財産です。

人は長生きすればするほど、医療費や介護費の負担が大きくなる可能性があります。

今は元気でピンピンしているかもしれませんが、人は少しずつ老いていくものです。

このため、将来かかるかもしれない医療費や介護費を、将来減っていく財産としてきちんと心にとどめておくということが必要です。

また、持ち家に住んでいる場合は、老朽化のため、修繕などが必要になってくる場合があります。

さらに、家の老朽化だけではなく、人間も年を取れば身体のあちこちに不具合が生じます。足腰が弱くなるのに合わせて、バリアフリー構造にリフォームする必要も出てくるかもしれません。

しかも、このような家の修繕、リフォームというのは何百万円というお金がかかるものです。

このため、このような出費も忘れずに念頭に置いておきましょう。

現在ある財産、将来増える財産・減る財産をしっかりと考えて、**遺産分割時には遺産がどのような状態になっているか予測した上で、自分の財産をどう子どもたちに分けていくか**、遺産分割の方法を考えていきましょう。

6 借金はどうなるの？

相続人が相続するものは、**プラスの財産だけではありません。** そんな都合のいいことはありませんよね。もちろん、**マイナスの財産、すなわち借金も相続**します。

このため、プラスの財産よりマイナスの財産が多い場合には、借金だけが相続人に相続されることになります。

相続というと、何かしら財産がもらえるイメージがありますが、逆に借金を背負い、自分が支払う側になってしまうこともあるのです。

プラスの財産よりマイナスの財産が多い方が亡くなった場合には、相続人が借金を背負うことになってしまうため、相続にあたっては注意が必要です。

私が経験した事案で、相続が発生して半年後に父親に多額の借金があることが判明し、どうにかならないかと相談に来られた方がいらっしゃいました。

しかし、相続開始後半年が経っており、相続放棄ができる「相続を知った時から3か月」という期間が過ぎていたので、打つ手がありませんでした。

結局、相続人であるその子どもたちが父親の借金を払わざるを得なくなり、相談に来た方は、せっかく購入したマイホームを手放し、借金の返済に親に充てたということでした。

ですから、財産を把握する際には、ぜひ、**今いくらの借金があるのかも把握しておいてください。**

そして、万が一、プラスの財産よりマイナスの財産が多くなりそうな場合には、そのことを**自分の相続人に伝えておくようにしてください。**

そうしなければ、**相続人は不測の借金を背負うことになってしまい、**あなたを恨むことになってしまいます。

では、実際に、プラスの財産よりマイナスの財産が多い人の相続が発生した場合、相続人はどうすればよいのでしょうか。

自分が作ったわけでもない借金を背負わされるなんて、相続人はたまったものではありません。

何か、**相続によって借金を負わない方法はあるのでしょうか。**

このような場合には、「**相続放棄**」という手段が考えられます。

相続が開始した場合、相続人は、

① **単純承認、**

第1章　遺される家族のためにやっておくべきこと

の三つのうち、いずれかを選択できます。

相続人は、①相続人が被相続人（亡くなった人）の権利や義務をすべて受け継ぐ「単純承認」、②相続人が被相続人の権利や義務をすべて受け継がない「相続放棄」、③被相続人の債務がどの程度あるか不明であり、財産が残る可能性もある場合に、相続人が相続によって得た財産の限度で被相続人の債務を受け継ぐ「限定承認」の三つのうちいずれかを選択できます。

ただし、②の相続放棄と③の限定承認をするためには、家庭裁判所にその旨を申述しなければなりませんし、さらに③の限定承認の場合には相続人全員が共同して行う必要があります。

そして、この申述は、民法の定めにより、自己のために相続の開始があったことを知った時から3か月以内にしなければならないと定められています。

相続人が、相続の開始があったことを知った時から3か月以内に何も手続きを行わなければ、相続放棄や限定承認はできなくなり、**単純承認**となります。

このため、プラスの財産よりマイナスの財産が多い場合には、そのことを事前に相続人に伝えておいて、**相続放棄しなければ借金を背負うことになってしまうことをきちんと理解しても**らうべきです。

そうしなければ、3か月の期間が過ぎてしまって相続放棄できなくなるということも発生す

29

相続放棄申述書

受付印	

相 続 放 棄 申 述 書

（この欄に収入印紙800円分を貼ってください。）

（貼った印紙に押印しないでください。）

収入印紙　　　　円
予納郵便切手　　円

準口頭　　関連事件番号　平成　　年（家　）第　　　　　号

家庭裁判所
　　　御中
平成　　年　　月　　日

申述人
［未成年者など
の場合は法定
代理人］
の記名押印　　　　　　　　　　　　印

添付書類　（同じ書類は1通で足ります。審理のために必要な場合は、追加書類の提出をお願いすることがあります。）
□ 戸籍（除籍・改製原戸籍）謄本（全部事項証明書）　合計　　通
□ 被相続人の住民票除票又は戸籍附票
□

申述人

本籍(国籍)	都道府県
住所	〒　－　　　　電話（　）　　　（　　方）
フリガナ 氏名	大正 昭和 平成　年月日生　職業　（　歳）
被相続人との関係	被相続人の……　1 子　2 孫　3 配偶者　4 直系尊属（父母・祖父母）　5 兄弟姉妹　6 おいめい　7 その他（　　）

法定代理人等

※
1 親権者
2 後見人
3

住所	〒　－　　　　電話（　）　　　（　　方）
フリガナ 氏名	フリガナ 氏名

被相続人

本籍(国籍)	都道府県
最後の住所	死亡当時の職業
フリガナ 氏名	平成　年　月　日死亡

（注）　太枠の中だけ記入してください。※の部分は、当てはまる番号を○で囲み、被相続人との関係欄の7、法定代理人等欄の3を選んだ場合には、具体的に記入してください。

相続放棄（1/2）

(942080)

第1章　遺される家族のためにやっておくべきこと

申　述　の　趣　旨
相続の放棄をする。

申　述　の　理　由

※ 相続の開始を知った日………平成　　年　　月　　日
　1　被相続人死亡の当日　　　　3　先順位者の相続放棄を知った日
　2　死亡の通知をうけた日　　　4　その他（　　　　　　　　　　）

放棄の理由	相続財産の概略	
※ 1　被相続人から生前に贈与を受けている 2　生活が安定している。 3　遺産が少ない。 4　遺産を分散させたくない。 5　債務超過のため。 6　その他　[　　]	資 産	農　地……約　　　平方メートル　現　金 　　　　　　　　　　　　　　　預貯金……約　　　万円 山　林……約　　　平方メートル　有価証券……約　　　万円 宅　地……約　　　平方メートル 建　物……約　　　平方メートル
	負　債……………………………約　　　　　　万円	

（注）　太枠の中だけ記入してください。　※の部分は，当てはまる番号を○で囲み，申述の理由欄の4，放棄
　　　の理由欄の6を選んだ場合には，（　）内に具体的に記入してください。

相続放棄（2/2）

るのです。

相続放棄すればよいことがわかっていれば、相続が発生した場合、相続人は、相続の開始があったことを知った時から3か月以内に、家庭裁判所に相続放棄の申述書と戸籍謄本などの必要書類を提出することで、被相続人の借金を引き継がなくても済むようになります。

万が一、プラスの財産よりマイナスの財産が多くなりそうな場合には、そのことを**自分の相続人に伝えておくよう**にしましょう。

7 財産をどう評価するか？

財産をすべて書き出したところで、**その財産をどう評価するか**が問題となります。財産を適正に評価できなければ、3人の子どもたちに3分の1ずつ財産を与えたいと思っていても、正しく分けることはできません。

例えば、遺産が現金1000万円と築30年の自宅、そして自宅が建っている土地だけだった場合に、どうやって3分の1ずつ均等に分けるのでしょうか。

自宅と土地をお金に換算してみなければ、3分の1ずつ分けることはできません。**遺産分割の対象となる財産を金銭に換算して、評価する**ということが必要となるのです。

①金融資産

まず、わかりやすい金融資産から考えていきましょう。

<u>現金</u>については手元にある金額が、銀行などに預けてある預貯金については、その残高の額がそのまま遺産となると考えてよいでしょう。

次に、**株式**や**国債**ですが、これらは評価額が刻々と変わっていくものです。そのため、生前に評価額を出すのは難しいですが、おおよその現在の取引額を目安とするとよいでしょう。

実際の遺産分割手続の場面においては、上場株式の評価は、分割時に最も近接した時点での取引価格、あるいは近接の一定の期間の平均額によって算定します。また、相続税申告の際には、①相続発生日の終値に持株数を掛けた金額、②相続発生日の前月の終値の平均額、③相続発生日の前前月の終値の平均額、④相続発生日を含む月の終値の平均額の四つの中から最も低い株価を選択して、持株数を掛けた金額を相続時の評価額とするようです。

では、取引相場のない非上場株式の場合、どうするのでしょうか。

取引相場のない非上場株式は、上場株式のように目に見える客観的な評価基準がなく、どのように株式を評価するか、素人にはよくわかりません。

裁判所では、非上場株式の評価は、会社法上の株式買取請求における価格の算定や相続税賦課のための税務署の評価方法を参考とするなどしているようですが、素人がやろうとしても算定が難しく苦労します。

このため、顧問税理士に相談をし、評価額をきちんと出してもらうのがベストです。

②不動産（土地・建物）

次に、**土地**や**建物**などの不動産の評価ですが、裁判所での遺産分割調停の場合には、①同種

34

第1章　遺される家族のためにやっておくべきこと

の不動産が市場において取引されている価格との比較で価格を求める「比較法」、②不動産を利用することにより得られるであろう収益を期待利回りで除して資本還元することにより価格を求める「収益法」、③不動産の再調達原価について減価修正を行って価格を求める「原価法」の3種類を用いて、総合的に判断することになります。

しかし、生前に遺産分割を考える段階での不動産の評価は、そこまで厳密である必要はなく、簡単に不動産の評価額の目安がわかるものを選ぶとよいでしょう。

評価のしかたはいろいろありますが、相続税の評価方法である、①路線価を目安にする方法（土地のみ）、②固定資産税評価額を目安にする方法、③不動産会社に簡易査定という方法で周辺の不動産相場から価格を算定してもらう方法などがあります。

まず、①路線価を目安にする方法ですが、「路線価方式」は、国税庁が相続により取得した財産等を評価する場合に適用するものです。全国の主要な市街地道路などの価格は毎年発表されており、国税庁のホームページ (http://www.rosenkanta.go.jp/index.htm) で誰でも見ることができます。もっとも、路線価はすべての道路についているわけではなく、路線価がない土地もあり、その場合には「倍率方式」によることになります。

路線価方式によって土地の評価額を計算する方法ですが、路線価は市街地の道路に面した宅地の1㎡当たりの評価額を示したものなので、路線価に土地の面積を掛けることで（路線価×土地の面積）、土地の評価額の目安がわかります。もっとも、実際の相続税の評価の際には、

路線価に補正率を掛けるなどして厳密に計算します。
倍率方式は、固定資産税評価額に地域ごとに決められた評価倍率を掛けて（固定資産税評価額×評価倍率）、その土地の評価額を計算します。

次に、②固定資産税評価額は、市区町村が固定資産税を賦課するための基準となる評価額のことです。市区町村に置いてある固定資産税台帳を見ればわかりますし、また、評価証明書を取り寄せることもできます。もっとも、毎年5月頃に、固定資産税納税通知書が市区町村から送られてくるはずですので、その通知書で確認することもできます。

最後に、③不動産会社から簡易査定という方法で周辺の不動産相場から価格を算定してもらう方法ですが、弁護士などに遺言作成を頼む場合には、各々の弁護士が提携している不動産会社に、財産調査の一環として不動産会社の簡易査定を依頼してくれる場合があります。私の事務所も、提携している不動産会社によく簡易査定をお願いしています。

③ 美術品（書画・骨董品など）

次に、書画、骨董などの美術品がある場合ですが、専門家に鑑定を依頼しなければ本当の価値はわかりません。もっとも、鑑定費用は高額なことが多いので、古物商などの業者にちょっと市場価格を尋ねてみるというのもひとつの手です。

鑑定費用をかけてまで調べない場合は、購入価格を目安にするとよいでしょう。

第1章　遺される家族のためにやっておくべきこと

路線価図と評価倍率表の見方

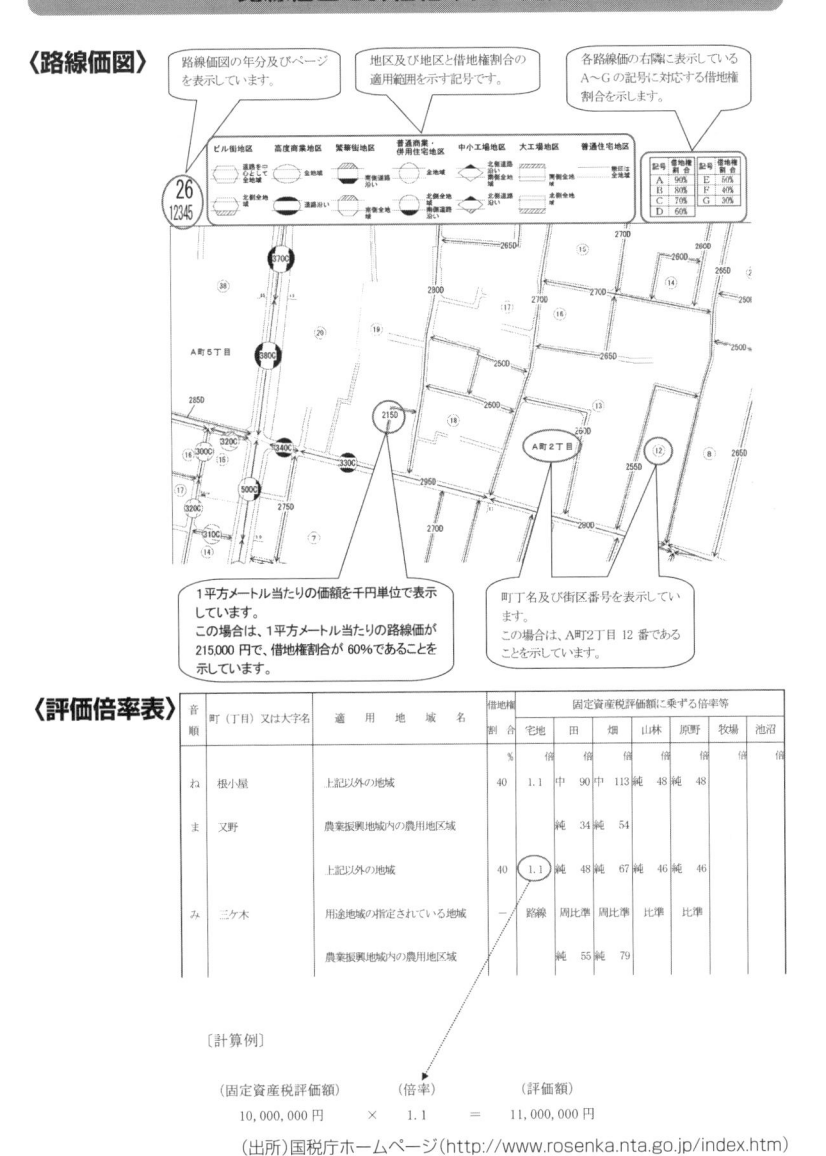

〈路線価図〉

- 路線価図の年分及びページを表示しています。
- 地区及び地区と借地権割合の適用範囲を示す記号です。
- 各路線価の右隣に表示しているA～Gの記号に対応する借地権割合を示します。

記号	借地権割合	記号	借地権割合
A	90%	E	50%
B	80%	F	40%
C	70%	G	30%
D	60%		

- 1平方メートル当たりの価額を千円単位で表示しています。
  この場合は、1平方メートル当たりの路線価が215,000円で、借地権割合が60%であることを示しています。
- 町丁名及び街区番号を表示しています。
  この場合は、A町2丁目12番であることを示しています。

〈評価倍率表〉

音順	町（丁目）又は大字名	適用地域名	借地権割合	固定資産税評価額に乗ずる倍率等						
				宅地	田	畑	山林	原野	牧場	池沼
			%	倍	倍	倍	倍	倍	倍	倍
ね	根小屋	上記以外の地域	40	1.1	中90	中113	純48	純48		
ま	又野	農業振興地域内の農用地区域			純34	純54				
		上記以外の地域	40	1.1	純48	純67	純46	純46		
み	三ケ木	用途地域の指定されている地域	—	路線	周比準	周比準	比準	比準		
		農業振興地域内の農用地区域			純55	純79				

［計算例］

　（固定資産税評価額）　（倍率）　（評価額）
　　10,000,000円　×　1.1　＝　11,000,000円

（出所）国税庁ホームページ(http://www.rosenka.nta.go.jp/index.htm)

8 相続財産メモで必ずチェックしておきたいこと

相続財産メモで必ずチェックしておきたいことがあります。

それは、**相続財産の中に、将来、相続人の間でもめる要因となる財産がないかどうか**です。

みなさんはどのような財産があったら、どうしても自分がもらいたいと強く思うような財産はありませんか？

自分が相続人の立場だったら、相続人の間でもめそうだと思いますか？

まず、もめることが多い財産として**土地や建物などの不動産**があります。

子どもが複数人いる場合で、預貯金がほとんどなく、財産が土地や建物などの不動産しかない場合、不動産の分け方で大いにもめることが多いです。

どうして、不動産は争いになりやすいのでしょうか。

それは、相続人の間で**どう分けるかが非常に難しい**からです。

では、不動産はどうやって分けるのでしょうか。

不動産の分け方としては、

① **現物分割**

38

第1章　遺される家族のためにやっておくべきこと

② **代償分割**
③ **換価分割**

という方法があります。

詳しくは、第2章のケース③で述べますが、まず、①現物分割とは、遺産をあるがままの姿で分割する方法のことです。

例えば、ある土地をそのまま一人の相続人が取得する場合や、一つの土地を三人の相続人が共有取得する場合などです。

次に、②代償分割ですが、相続人のうちの一人が相続分を超える遺産を現物で取得する代わりに、その他の相続人に対して代償として金銭を支払うという方法です。

最後に、③換価分割ですが、これは、遺産を処分して、その対価を相続人などで分配する方法です。

一見、すっきりと分けられそうですが、先祖代々受け継いできた不動産などであれば、売らないでもめる場合もありますし、売却には手間や費用もかかり、思ったよりも手取りが少ないということもあります。

どの分割方法も一長一短があり、子どもたちの意見がまとまらなければ、不動産を分けることができない状態が続いてしまいます。

そして、不動産を分け方で延々ともめることになってしまうのです。

このため、遺産の大部分が不動産である場合には、どのような形で不動産を分けるかとい

ことをしっかりと考える必要があり、後で子どもたちがもめないように、遺言で不動産の分け方を書いておく必要があります。

次に、今、ピックアップした財産の中に、**特に相続人のうちの誰か一人に与えたほうがよい財産**というのはないでしょうか？

例えば、親が子どものうちの誰か一人と一緒に住んでいる場合には、その子どもは引き続きその家に住み続けたいと思うでしょう。しかし、遺言で「その家を一緒に住んでいる子どもに与える」と書いておかなければ、その家に住み続けられるとは限りません。

このように特定の誰かに与えるべき財産がある場合には、遺言を書いておく必要があります。

また、自分が社長を務める会社の株式を持っている場合、会社の経営を任せたいと思っている子どもがいれば、その子どもに株式を与えるべきでしょう。

このように、相続財産の中に将来もめる要因となる財産がある場合には、その**分け方について慎重に考える必要**があります。

そして、相続人たちにとって、**遺恨の残らない遺産分割内容**を考えてあげて、遺された人たちが相続で困らないようにしておくのです。

第2章

遺産分割でよく争いになるケース

ケース① ハンコ代とは何か?

長男がハンコ代としてたった数万円を妹に渡しただけで相続財産をすべて自分のものにしてしまい、その妹は結局泣き寝入りせざるを得なかった事例

［事例の概要］

父親が亡くなり、その子どもである長男のA男さんと妹の長女B子さんが父親の財産を相続することになりました。A男さんは、もともと父親と一緒に事業を営んでいたこともあり、父親の身の回りのことに詳しく、死亡後のさまざまな手続き、葬儀、納骨を取り仕切ってくれ、B子さんとしてはA男さんにとても感謝をしていました。

そして、四十九日を過ぎ、ようやく父親の死にも慣れ落ち着いてきたところに、B子さんのもとにA男さんから電話がかかってきました。「ハンコ代として5万円渡すから、郵送した書類にハンコを押して返してほしい」と。

その際に父親の遺産がどれくらいあるのかという話や送付する書類が相続に関する書類であることなどの説明は一切ありませんでした。ハンコ代とは、いったい何なのでしょうか?

42

まず、相続関係説明図を書いてみよう

相続人は誰か？

日本では戦前、家父長制の下、家族内の権威は最年長の男性にあるという考え方から、長男のみがすべての財産を引き継ぐということが行われていました。

そして、現在でもこの名残から、長男がすべての遺産を相続する代わりに他の兄弟姉妹にハンコ代と呼ばれる一定の金銭を与え、強制的に相続放棄の書類に印鑑を押させて納得させようとする人がいます。

しかし、現在の日本では、**長男だからといって他の兄弟姉妹よりも特別に扱うという法律にはなっていません**。もちろん、遺言で長男に多くの財産を与えることは可能ですが、遺言がない場合には、子どもたちの間で平等に分けることになります。

そのため、まず、相続が開始したときには、
① **誰が相続人となるのか、**
② **相続割合はどうなるのか、**
を調べることから始めます。

そして、不当な要求に屈して、気軽にハンコを押してはいけません。

相続人は誰か

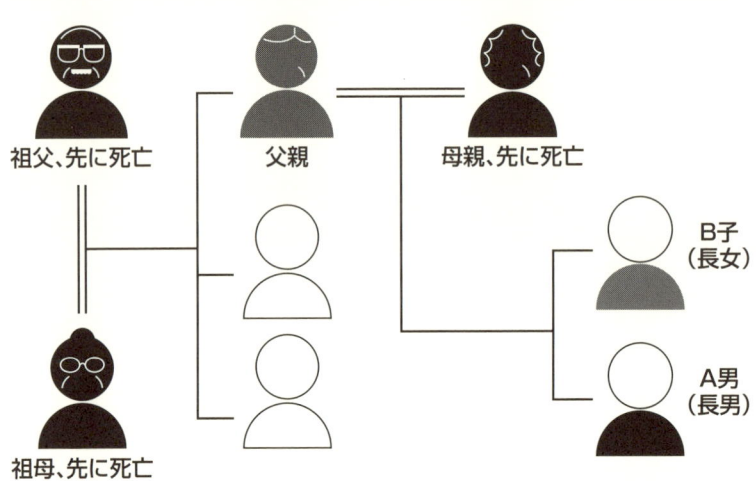

祖父、先に死亡　父親　母親、先に死亡

祖母、先に死亡

B子（長女）

A男（長男）

① 相続人は誰か？

まず、相続が開始した場合、重要なのは、**誰が相続人になるのかを明らかにすること**です。

遺言書がない場合、亡くなった人の財産は、**法律が定めた相続人が相続する**ことになります。

この法律が定めた相続人のことを「法定相続人」といいます。

今回のケースは、死亡した父親の妻（配偶者）はすでに死亡しており、両親（祖父母）は他界、兄弟が二人、子どもが長男、長女の二人という事案でした。

その場合、子どもであるA男とB子が法定相続人となります。

なぜ、この二人が法定相続人になるのでしょうか。ここで、法定相続人の順位について説明しましょう。

44

ア　配偶者

まず、法律は、**亡くなった人の配偶者は必ず相続人になる**と定めています（民法890条）。

このケースでは、死亡した父親の配偶者（母親）はすでに亡くなっていますが、配偶者が生存している場合には、配偶者は必ず相続人となります。

配偶者以外の者については、第1順位は子、第2順位は親、祖父母など（直系尊属）、第3順位は兄弟姉妹と順位が定められており、これらの者が配偶者とともに相続人となります。先順位の者がいる場合には、後順位の者は相続人にはなれません。

イ　子（第1順位）

子は、**第1順位の相続人**となります（民法887条）。

このケースでは、亡くなった父親の子として、A男さんとB子さんがいますので、まず、この二人が相続人となることがわかります。

このように第1順位の者がいる場合は、第2順位の親、祖父母など（直系尊属）、第3順位の兄弟姉妹が相続人となることはありません。

もし、子の中に、すでに亡くなってしまった人がいて、その人に子がいる場合には、その子が亡くなった親に代わって「代襲相続」します。

代襲相続とは、推定相続人である子または兄弟姉妹が、相続開始以前に死亡したとき、また

は相続欠格もしくは廃除により相続権を失ったときに、その人の子がその人に代わって相続することをいいます。

ウ　直系尊属（第2順位）

亡くなった人の父母、祖父母などの直系尊属は、**亡くなった人に子（孫・ひ孫）がいない場合のみ相続人**となります（民法889条1項1号）。

このケースでは、亡くなった父親には子がいますので、亡くなった人に子がいなかった場合には、直系尊属の中では、亡くなった人に血縁的に一番近い人が相続人となります。

したがって、親が健在の場合には親のみが相続人となりますし、両親とも亡くなってしまっている場合に祖父母が生きていれば、祖父母が相続人になります。

エ　兄弟姉妹（第3順位）

亡くなった人の兄弟姉妹は、**亡くなった人に子（孫・ひ孫）、直系尊属（親、祖父母）がいない場合に、はじめて相続人**となります（民法889条1項2号・3号）。

兄弟姉妹の中に、すでに亡くなってしまった人がいて、その人に子がいる場合には、その子が亡くなった兄弟姉妹に代わって代襲相続します。

第2章　遺産分割でよく争いになるケース

法定相続人

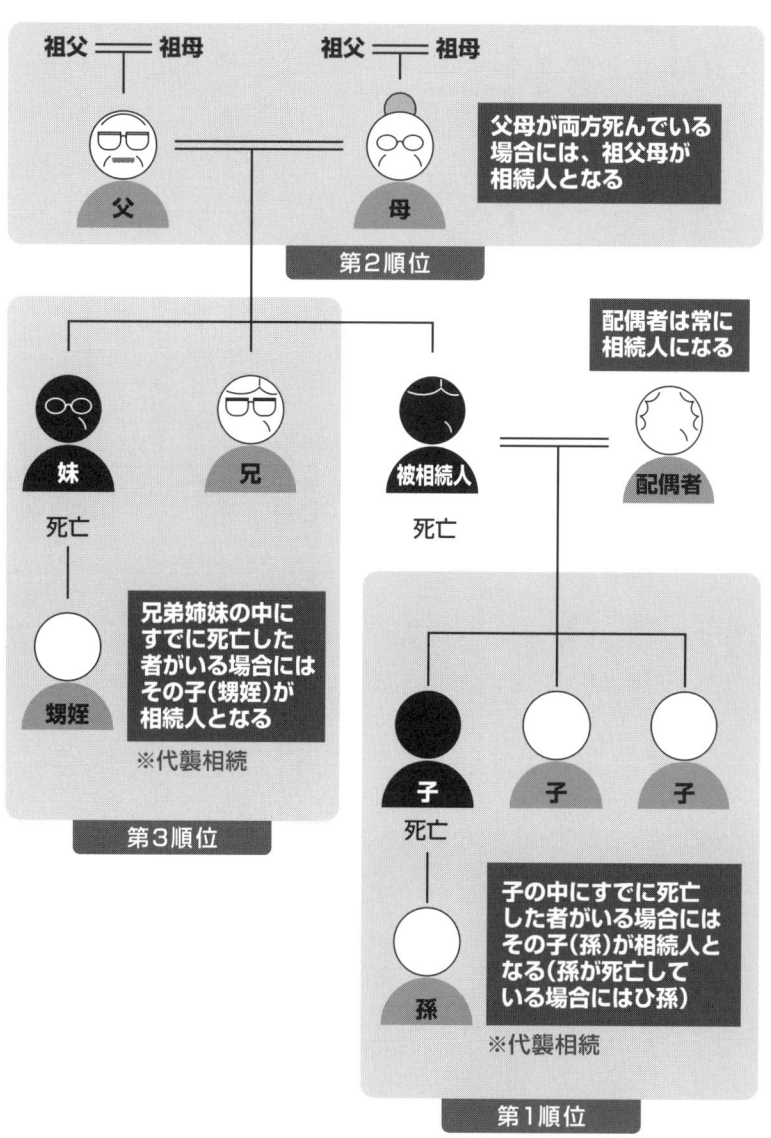

第2順位
祖父=祖母　祖父=祖母
父　母
父母が両方死んでいる場合には、祖父母が相続人となる

第3順位
妹（死亡）　兄
甥姪
兄弟姉妹の中にすでに死亡した者がいる場合にはその子（甥姪）が相続人となる
※代襲相続

第1順位
被相続人（死亡）＝配偶者
配偶者は常に相続人になる
子（死亡）　子　子
孫
子の中にすでに死亡した者がいる場合にはその子（孫）が相続人となる（孫が死亡している場合にはひ孫）
※代襲相続

相続関係説明図

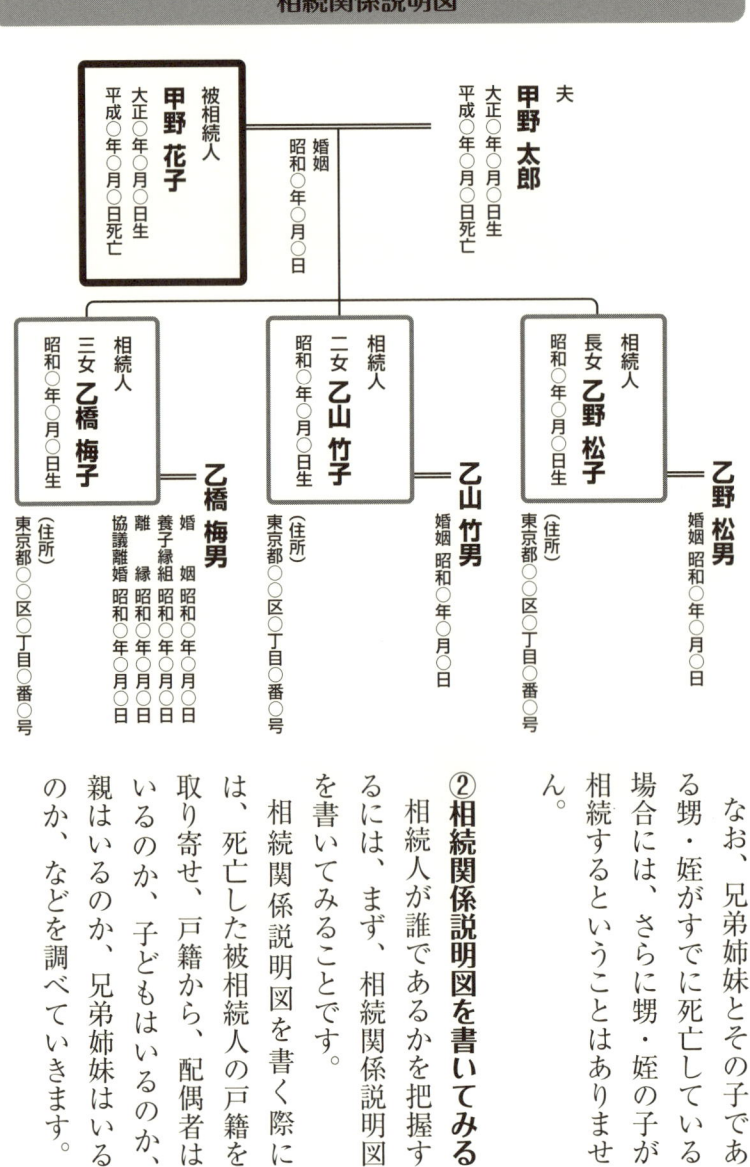

```
夫 甲野 太郎
大正○年○月○日生
平成○年○月○日死亡

婚姻 昭和○年○月○日

被相続人 甲野 花子
大正○年○月○日生
平成○年○月○日死亡
```

相続人 長女 **乙野 松子**
昭和○年○月○日生
（住所）東京都○○区○丁目○番○号
婚姻 昭和○年○月○日
乙野 松男

相続人 二女 **乙山 竹子**
昭和○年○月○日生
（住所）東京都○○区○丁目○番○号
婚姻 昭和○年○月○日
乙山 竹男

相続人 三女 **乙橋 梅子**
昭和○年○月○日生
（住所）東京都○○区○丁目○番○号
婚姻 昭和○年○月○日
養子縁組 昭和○年○月○日
離縁 昭和○年○月○日
協議離婚 昭和○年○月○日
乙橋 梅男

なお、兄弟姉妹とその子である甥・姪がすでに死亡している場合には、さらに甥・姪の子が相続するということはありません。

② 相続関係説明図を書いてみる

相続人が誰であるかを把握するには、まず、相続関係説明図を書いてみることです。

相続関係説明図を書く際には、死亡した被相続人の戸籍を取り寄せ、戸籍から、配偶者はいるのか、子どもはいるのか、親はいるのか、兄弟姉妹はいるのか、などを調べていきます。

48

法律で決められている相続割合とは？

では、相続人がどのようにして決まるのか見ていきましょう。

遺言によって相続分が指定されていなかった場合には、各相続人は法律が定めた相続割合で相続することになります。

この法律が定めた相続割合のことを「**法定相続分**」といいます。

ア　子と配偶者

相続人が、配偶者と子であった場合には、配偶者は**2分の1**、子も**2分の1**の相続分となります（民法900条1号）。

子が複数いる場合の扱いですが、**同順位の者の間では頭数に応じて平等**となります。

例えば、配偶者と子三名が相続人である場合には、配偶者は2分の1、子三名はそれぞれ6分の1を相続することになります。

このケースでは、子であるA男さんとB子さんが相続人となりますが、同順位の者の間では

法定相続分とは

ア 子と配偶者

常に相続人になる

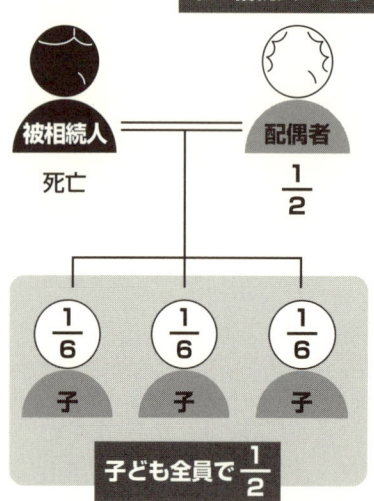

被相続人 死亡 ― 配偶者 1/2

子 1/6 ／ 子 1/6 ／ 子 1/6

子ども全員で 1/2

イ 直系尊属と配偶者

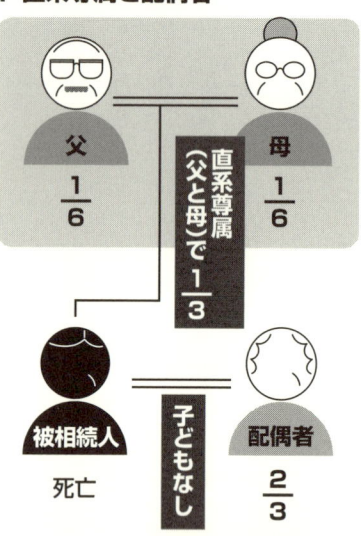

父 1/6 ― 母 1/6

直系尊属（父と母）で 1/3

被相続人 死亡 ― 配偶者 2/3

子どもなし

ウ 兄弟姉妹と配偶者

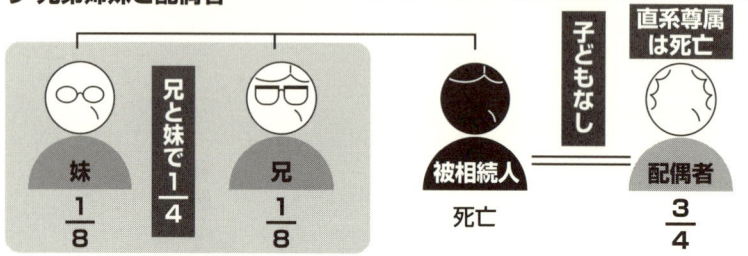

妹 1/8 ／ 兄 1/8

兄と妹で 1/4

被相続人 死亡 ― 配偶者 3/4

子どもなし ／ 直系尊属は死亡

法定相続人	法定相続分	
子と配偶者	配偶者	2分の1
	子	2分の1
直系尊属と配偶者	配偶者	3分の2
	直系尊属	3分の1
兄弟姉妹と配偶者	配偶者	4分の3
	兄弟姉妹	4分の1

頭数に応じて平等となることから、それぞれが2分の1を相続することになります。

イ　直系尊属と配偶者

相続人が、配偶者と直系尊属であった場合には、配偶者3分の2、直系尊属3分の1の相続分となります（民法900条2号）。

直系尊属が複数いる場合の扱いですが、**各自の相続分は頭数に応じて平等**となります。

例えば、配偶者と父母が相続人である場合には、配偶者は3分の2、父母はそれぞれ6分の1を相続することになります。

ウ　兄弟姉妹と配偶者

相続人が、配偶者と兄弟姉妹であった場合には、配偶者**4分の3**、兄弟姉妹**4分の1**の相続分となります（民法900条3号）。

兄弟姉妹が複数いる場合の扱いですが、**各自の相続分は頭数に応じて平等**となります。

例えば、配偶者と兄と妹が相続人である場合には、配偶者は4分の3、兄と妹はそれぞれ8分の1を相続することになります。

解決策：親が生前に子どものためにやっておくべきこと

このケースでは、B子さんは、A男さんからの「ハンコ代として5万円渡すから郵送した書類にハンコを押して返してほしい」との唐突な申し出を不審に思いましたが、A男さんが急いでいる様子だったので、何のことかよくわからないまま、送られてきた書類にハンコを押して返送してしまいました。

B子さんは、父親が死亡してからのさまざまな手続きをA男さんが行ってくれていたこともあり、A男さんのことをすっかり信用しきっていたのです。

これが、A男さんが父親の遺産をすべて相続するために必要な書類だとは思ってもみませんでした。

しかし、B子さんの夫がその書類を発見し、その書類が実は遺産分割協議書であり、「すべての遺産を長男であるA男さんが相続する」ことが記載されていることが判明しました。

預貯金、不動産など、合わせて3000万円近くの遺産があったにもかかわらず、それはすべてA男さんのものになっていました。

52

第2章　遺産分割でよく争いになるケース

本来であれば、B子さんはその2分の1を相続する権利があったはずですが、よくわからないまま、B子さんは自分の相続分をA男さんに与えることに同意してしまったのです。B子さんはあわてて「事情を説明してほしい」とA男さんに言いましたが、A男さんは「ハンコ代として5万円やっただろう」と、あたかも自分が正しいような態度をとるばかり。B子さんは愕然としました。

これまでB子さんは、A男さんのことは大好きで兄弟仲もよく、信用もしていました。だからこそ、何の説明もないまま、兄が父親の財産を独り占めしてしまうことが信じられなかったのです。

せめて、父親の遺産がどのくらいあるかの説明があり、こういう理由で遺産分割協議書に印鑑を押してほしいとの説明があれば、B子さんの気持ちも違ったでしょう。

しかし、それがあたかも当然であるかのように振る舞われ、しかも、本来であれば父親の遺産の半分は自分のものであったにもかかわらず、たったの5万円で手を打つようハンコを押されていたのです。

結局、もめてしまうのが嫌だったので、B子さんはA男さんにそれ以上は何も言えず、泣き寝入りせざるを得ませんでした。

結果として、A男さんへの不信感を拭うことはできず、お互いの行き来は自然と途絶えてしまいました。

このように、どんなに仲が良いと思われる兄弟姉妹でも、いざ相続が開始すると何が起こるかわかりません。

今回のケースでは、子どものうちの一人が兄弟姉妹間の力関係を利用し、妹の無知につけこみ、自分のいいように遺産を相続してしまいました。

親としては、子どもたちが相続で争わないよう、互いに不信感を抱かないよう、遺産の行方を示してあげなければなりません。そのためには遺言が必要です。

では、このようなことが起きないためには、親は、どのような遺言を書いておくべきだったのでしょうか。

子どものうちの一人が兄弟間の力関係を利用して他の兄弟の無知につけこまないように、きちんと遺言で遺産分割について定めておく必要がありました。せめて、不動産と預貯金の分け方についてしっかりと書いてあれば、このようなことにはならなかったはずです。

[ポイント]

子どものうちの一人が兄弟間の力関係を利用して、他の兄弟の無知につけこまないように、きちんと遺言で遺産分割について定めておく！

ケース② 隠し子って、遺産をもらえるの?

父親が死んでからはじめて隠し子がいたことが発覚。20年以上音信がなかった子どもたち同士が大いにもめて、父親を恨むことになった事例。

【事例の概要】

A子さん、B子さん、C子さんは仲の良い三姉妹。父親が亡くなって、唯一の財産である父親が生前住んでいた自宅と土地を売却し、三人で仲良く売却代金を分けようと思っていました。

ところが、遺産分割協議書を作成するにあたり、弁護士からアドバイスを受け、戸籍を取り寄せてみたところ、何と父親に隠し子のD子さんがいたことが発覚。

しかし、D子さんは生まれてから一度も父親とは会ったことがなく、20年以上音信がまったくなく、A子さん、B子さん、C子さんもD子さんの存在はまったく知りませんでした。

とはいえ、D子さんも、A子さん、B子さんと同じく父親から生まれた腹違いの姉妹。

そして、同じように相続人になるのですが、相続割合はどのようになるのでしょうか。

遺産をもらうためには認知が必要。非嫡出子は嫡出子とどう違う？

「認知」された子であれば、A子さん、B子さん、C子さんと同じように相続人となります。

認知とは、法律上の婚姻関係にない男女の間に生まれた子について、父親が自分の子どもであるとして「認知届」を子どもの本籍地または住所地の役所に提出し、自分の子であることを認めることで行われます。

認知された子であるかどうかは、戸籍を見るとわかります。

認知された子のことを、日本の法律では**「非嫡出子」**といいます。

法律上の婚姻関係にない男女の間に生まれた子どもで、認知された子のことを日本の法律では非嫡出子というのです。

法律上の婚姻関係にある男女の間に生まれた子どもは**「嫡出子」**といいます。

では、この非嫡出子と嫡出子は、法律上、相続において何か取扱いが異なるのでしょうか。

同じ親から生まれた子どもではあるものの、**一方は法律上の婚姻関係にある男女の間に生まれた子どもで、もう一方は法律上の婚姻関係にない男女の間に生まれた子どもである**ことが、

56

この家の家系図

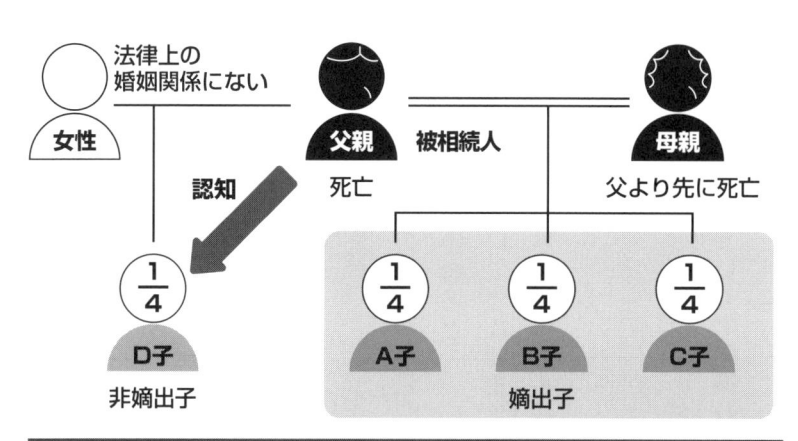

```
女性 ── 法律上の婚姻関係にない ── 父親(被相続人・死亡) ══ 母親(父より先に死亡)
         認知 →
    D子 1/4        A子 1/4    B子 1/4    C子 1/4
    非嫡出子              嫡出子
```

非嫡出子も嫡出子も相続分は同じ!!

相続に何か影響をもたらすのでしょうか。

答えは「否」です。

同じ親から生まれた子どもである以上、その親が法律上の婚姻関係にあろうとなかろうと、相続において何ら影響はなく、非嫡出子も嫡出子も相続人となり、**相続分も同じ**になります。

つまり、本件の、A子さん、B子さん、C子さん、D子さんは、父親の財産をそれぞれ4分の1ずつ相続することになります。

相続人はどのように調査したらよいのか？

自分と血のつながっている家族のことはわかっているつもりでも、このケースのように、実は腹違いの兄弟姉妹がいたということがあります。

では、どうやって相続人が誰であるか調べたらよいのでしょうか。

それには、**戸籍**（戸籍謄本、除籍謄本、改製原戸籍）を取り寄せて調べることが必要となります。

戸籍というのは、人の出生から死に至るまでの身分上の重要事項が記載されている親族的な**身分関係を公証する公簿**のことをいいます。

戸籍には、その人がいつどこで生まれたか、両親は誰か、兄弟姉妹はいるのか、結婚をしているか、離婚をしているか、子どもはいるのか、などの身分上のさまざまな出来事が記載されます。

つまり、この法律上の身分関係が記載された戸籍を取り寄せることで、亡くなった人と法律上のつながりがある人が判明するのです。

では、戸籍はどのようにして**取得**したらよいのでしょうか。

まず、**亡くなった人**（被相続人）の**最後の本籍地**がわかれば、最後の本籍地のある市区町村

58

役場で最後の戸籍を取得します。

最後の本籍地がわからない場合は、最後の住所地のある市区町村役場で本籍地の記載のある住民票を取得して、本籍地を調べます。

次に、取得した被相続人の戸籍の記載を手がかりにして、**前の戸籍**（戸籍謄本、除籍謄本、改製原戸籍）を**順々にさかのぼって**、被相続人が生まれたときの戸籍まで取得します。

市区町村によっては、「相続調査のため、被相続人に関連する戸籍関係すべてがほしい」と依頼すると、最後の本籍地の戸籍だけではなく、その市区町村にある戸籍すべてを交付してくれる場合もあります。

このようにして、**被相続人の出生から死亡までの身分関係を網羅した戸籍を取得する**ことによって、相続人が誰であるかを調べることができるのです。

解決策：親が生前に子どものためにやっておくべきこと

今回のケースのように、腹違いの子どもがいる場合には、**親は子どもたちが後々もめないように生前に何らかの対策**を取っておかなければなりません。

一番良いのは家族会議を開いて、子どもたちに生みの母親とは別に愛人がいて、子どもまでいたということとはいってもは、子どもたちにきちんと事情を話しておくことです。話しづらいものです。そのため、どうしても生前に話すことはできないという場合には、せめて**遺言だけは書いておくべき**です。

今回のように不動産しかなく、また、子どもが多い場合には、遺産分割でもめやすいことが統計的にも明らかになっています。親としては、不動産を売却した代金を子どもたちで分けてほしいのか、不動産のまま誰かに与えたいのか、どういう割合で財産を与えるのか、これらを遺言にしっかりと記載し、争う余地のないようにしてあげなければなりません。

今まで知らなかった腹違いの兄弟姉妹がいたことが、相続の場面で初めて明らかになるのです。心中穏やかでないことは、容易に想像がつきます。

また、いくら血がつながっているとはいえ、今まで会ったこともない兄弟姉妹に会うことは、

60

子どもたちにとっては苦痛なことです。

本妻の子どもであれ、愛人の子どもであれ、人間として違いはまったくないのですが、やはりお互いをよく思っておらず、両者の間には大きな溝がある場合がとても多いのです。

そこで、親としては、愛人の子どもには、**生前に遺産の前渡しとして相続分に相当する金銭を与えて、家庭裁判所の許可を得てあらかじめ遺留分を放棄して**もらい、その証拠を残しておくということが一つの方法として考えられます。そして、遺言にもその旨をきちんと書いておきます。そうすれば、遺留分減殺請求の問題（詳細についてはケース⑦で説明します）は回避でき、子どもたちは遺言にしたがって遺産分割をすればよく、別途、全員が集まって遺産分割協議をする必要はなくなります。

また、どうしても遺産の前渡しができない場合には、遺産分割手続きで子ども同士が顔を合わせなくて済むように、事前に遺言書を作り、遺言の内容を実現してくれる遺言執行者まで定めておくことが争いを防ぐことにつながります。

［ポイント］
遺産分割手続きで、子ども同士が顔を合わせなくて済むように事前に遺言を作り、遺言執行者まで定めておくこと！

ケース③ 親の家は誰のもの？

親が子どものうちの一人と同居していた住居が唯一の相続財産だった場合に、他の子どもたちが家を売るために親と同居していた子どもを無理やり追い出してしまった事例

[事例の概要]

長女A子さんは独身で、いったんは家を出て一人暮らしをしたものの、母親の足腰が弱ってきたことを機に、実家に戻って母親と一緒に暮らしていました。A子さんが母親と住んでいる自宅とその敷地は、父親が死んだときに母親が相続し、母親の単独所有となっていました。

二女のB子さんと弟で長男のC男さんは結婚しており、実家を離れそれぞれの家族と県外に住んでいました。二人とも持ち家を購入しており、住むところには困らない状況でした。一方のA子さんは独身で、派遣社員という不安定な身。今住んでいる家に住めなくなれば、今後の人生の見通しが立たなくなってしまうことは明らかでした。

A子さんは、同居していた母親の面倒を最後まで見て、母親は自宅で息を引き取りました。葬式の際には、B子さんやC男さんも「お母さんはお姉ちゃんが一緒にいてくれ

62

たから、最後までさびしくなくてよかったね」と、A子さんに感謝していました。

ところが、四十九日が終わって相続の話になったとき、A子さんは、B子さん、C男さんから、思いもよらないことを言われ愕然としました。

「お母さんの遺産は自宅と土地だけだから、これを売って、三人で均等に分けよう。お姉ちゃんは、できるだけ早く荷物を整理してね」と。

A子さんは、これからも実家に住み続けながら、ゆっくり自分の人生を謳歌しようと思っていたところ、持ち家があって住むところには困らないB子さん、C男さんから、出ていくよう言われ、びっくり！

A子さんは、実家を出ていかなければいけないのでしょうか。A子さんは、今後どうしたらよいのでしょうか。

持ち家を分ける方法は三つある

遺産分割においては、遺産が多いか少ないかにかかわらず、**場合にはその分け方で争いになることがとても多い**のです。今回のケースでは、唯一の遺産が母親とA子さんが住んでいた実家の建物と土地でした。このような場合、遺産分割では、どうやって不動産を分けるのでしょうか。**不動産の遺産分割のやり方**には、次の三つの方法があります。

① 現物分割

現物分割とは、遺産をあるがままの姿で分割する方法を言います。

例えば、土地A、土地B、土地Cがある場合に、長男が土地A、二男が土地B、三男が土地Cを取得する場合などです。

また、土地が一つしかない場合に、長男、二男、三男が各自3分の1ずつ土地を共有取得する場合も、現物分割にあたります。

64

不動産の遺産分割のやり方

①現物分割

土地A 長男
土地B 二男
土地C 三男

もしくは

土地 長男、二男、三男で共有

②代償分割

土地（評価額3000万円）長男取得

1000万円 → 二男
1000万円 → 三男

③換価分割

土地 売却代金3000万円

1000万円 → 長男
1000万円 → 二男
1000万円 → 三男

②代償分割

次に、代償分割は、相続人のうちの一人が相続分を超える遺産を現物で取得する代わりに、その他の相続人に対して代償として金銭を支払うという方法です。

例えば、3000万円の価値のある土地を長男が取得し、代わりに二男、三男に対して1000万円ずつ支払うようなケースです。

③換価分割

最後に、換価分割ですが、遺産を処分してその対価を相続人で分配する方法をいいます。

例えば、土地を3000万円で売って、その売却代金を長男、二男、三男が1000万円ずつ取得するようなケースがこれにあたります。

しかしながら、**どの分割方法も一長一短**があり、なかなか子どもたちの意見をまとめるのは大変です。意見がまとまらなければ、不動産を分けることができない状態が続いてしまいます。

このため、**それぞれの分割方法のメリット、デメリットを把握**した上で、どのような形で不動産を分けるかということをしっかりと考えておく必要があります。

これを怠ると、後々子どもたちが大いにもめることになり、骨肉の争いを引き起こすことになるからです。

それぞれのメリット、デメリット

①現物分割

現物分割の一番のメリットは、他の分割方法に比べて**簡単にできる**ということです。

現物分割は、遺産をあるがままの姿で分割する方法です。よって、代償分割や換価分割のように手間がかかりません。

デメリットですが、現金と違って、不動産の場合にはその特性上、その不動産ごとに評価額が異なるので**均等で分け与えるということが難しく**、現物分割の場合には、相続人の間で不公平感が出てしまうということがあります。

共有取得する場合には、均等に分割することも可能となりますが、共有での所有は、単独所有とは異なり、自分の持分を第三者に売却しづらくなるという難点があります。

また、共有者のうちの一人が亡くなった場合には、権利関係が複雑になり、紛争の種になることもあります。

②代償分割

メリットは、権利関係が複雑にならない形で**不動産を相続人の一人に帰属**させることでき、またその他の相続人も現金という形で相続分を受けることができるため、相続人の間に不公平感が少ないという点です。

デメリットは、不動産を取得する相続人に、**代償金を支払うだけの資金力**がなければならないという点です。不動産を取得する相続人に、代償金を支払うだけの現金や預貯金がなければ、この方法を取ることができません。

③換価分割

メリットは、遺産を処分してその対価を相続人で分配するため、現金と同様、均等に分配することが可能だという点です。

デメリットは、**不動産が第三者の手に渡ってしまう**ということです。思い入れのある建物や土地だった場合、もしくは、先祖代々の土地だった場合、それを本当に売却してしまってよいのかという問題があります。

また、不動産の売却には、**手間と費用**がかかります。

そして、不動産の価格というのは常に変動するので、いつ売却するかで金額が変わり、また、売却益に税金がかかります。

第2章　遺産分割でよく争いになるケース

解決策：親が生前に子どものためにやっておくべきこと

今回のケースでは、結局、A子さんは、母親と一緒に住んでいた思い出の家を、行くあてもないのに出ていかざるを得なくなってしまいました。

母親が、自宅についてはA子さんに与えるという遺言を残していなかったとしても、A子さんが代償分割という形で、B子さんやC男さんに代償金を支払うことができれば、家を売らずに済み、実家に住み続けることができたかもしれません。

しかし、A子さんには目ぼしい貯金もなく、派遣社員という身分である以上、今後もそんな大金は稼ぐことができる見込みはありませんでした。

では、A子さんが実家に住み続けるために、親としてはどのようなことをしておくべきだったのでしょうか。

やはり、**遺言を書いておくというのは大前提**です。

A子さんに自宅と土地を与えるという内容の遺言を書いておくのです。

しかし、遺産をA子さんだけに与えるという内容では、B子さんやC男さんは納得がいかないでしょうし、遺産を独り占めしたとして、A子さんを恨んでしまうことになるかもしれませ

69

ん。また、ケース⑦で詳しく説明する**遺留分の問題**もあります。

そこで、一番よいのは、**代償分割できるように事前にきちんと準備しておくこと**です。

どういうことかというと、A子さんが自宅を取得し、その代わりにB子さんやC男さんには、A子さんから代償金を与えることにするけれども、その**代償金はA子さんが用意するのではなく、親が生前に親を被保険者、受取人をA子さんとする生命保険をかけ、この生命保険でまかなうことにする**のです。

そうすれば、A子さんは今までどおり自宅に住み続けることができ、B子さんやC男さんも自宅を売った場合と同じように現金を代償金という形で受け取ることができ、三人ともハッピーになれるのです。

このような方法は、**相続対策**としてしばしば見受けられます。

この保険金を使って代償金を作るという方法を利用できれば、母親は安心して、A子さんに唯一の不動産を相続させ、A子さんから、B子さんとC男さんに対して代償金を支払う内容の遺言を書くことができるのです。

しかし、このような方法は事前に対策をしておかなければ、実行することはできません。**死ぬ直前に思い立っても、代償金がまかなえるだけの保険に入るのは困難**でしょう。

このため、遺産が不動産のみという場合には、しっかりと親が子どものために遺産分割をどうするかを考えてあげることが必要です。そうすることで、相続で家族がバラバラになること

を防ぐことができます。

[ポイント]
同居していた子どもがそのまま家に住み続けることができるよう、生前に代償分割ができるようきちんと準備をしておく!

ケース④ 生前に財産分与とみられる行為があったら？

兄は大学と大学院の学費を、姉はマイホームの頭金を親から出してもらっていたが、妹は何ももらっていなかった場合に、3分の1ずつを主張する兄と姉と、それでは納得がいかない妹で兄弟間の縁を切るほどもめた事例。

[事例の概要]

長男のA男さん、長女のB子さん、次女のC子さんは、三人兄弟。A男さんは地方の大学、大学院に進みましたが、B子さん、C子さんは短大までしか行きませんでした。A男さんとC子さんはまだ独身ですが、B子さんは結婚して家を建てる際にマイホームの頭金ということで母親から200万円もらっています。

このたび、母親が亡くなり、父親は早くに亡くなっていたことから、相続人は、A男さん、B子さん、C子さんの三人となりました。

そこで、遺産の3000万円をどう分けるかが議論となりました。

C子さんとしては、兄や姉のように親からお金を出してもらっていないので、その分、相続

72

C子さんは納得がいきません。

親から、兄は大学と大学院の学費を、姉はマイホームの頭金を出してもらっているのに、何ももらっていなかった自分は損をするではないか。このような場合には、不公平のないように、事前にもらった分を考慮して、遺産分割がなされるべきではないかとC子さんは思います。

こうした場合、いったいどうなるのでしょうか？

特別受益の持ち戻しが問題となるのは、遺産分割協議の場面においてです。遺産分割協議の際、一方の相続人が特別受益を受けたもう一方の相続人に対して、特別受益を持ち戻した上で相続分に応じた遺産分割をするよう求めることになります。

「特別受益」があった場合の各自の取得財産の計算方法

たしかに、A男さんとB子さんは、それぞれ親から学費やマイホームの資金を出してもらっており、何もしてもらっていないC子さんからすれば不公平だと感じるのも無理はありません。

このような**相続人の間で与えられたものに差がある場合**に、相続時に何か考慮されるのでしょうか。

民法は、**共同相続人間の平等を図るため**、相続人に対して遺贈及び一定の生前贈与といった財産分与とみられるものがなされている場合に、その遺贈などを「**特別受益**」といい、これを**遺産分割時に精算する規定**を設けています（民法903条1項）。

つまり、親の生前に、他の子どもより特別に利益を受けた子どもは、遺産分割の際には、何ももらっていない子どもよりもらえる遺産の額が少なくなりますよ、ということです。そうやって、相続人の間の公平を図るのです。

特別受益があった場合には、特別受益分を相続財産とみなして相続額を計算し、特別受益を受けた人は、相続分から特別受益分を差し引いた価額が相続額となります。

このことを「**特別受益の持ち戻し**」といいます。

74

第2章　遺産分割でよく争いになるケース

特別受益の計算方法

特別受益者の相続額＝
（贈与財産の価額＋相続開始時の財産の価額）×相続分
**　　　　　　　　　　　　　　－遺贈または贈与の価額**

〈例〉

相続開始時の財産の価額　900万円　＋　贈与財産の価額（特別受益）　300万円　＝　合計 1200万円

持ち戻し 300万円
特別受益

A子	B子	C子（特別受益者）
相続財産400万円	相続財産400万円	相続財産100万円（特別受益300万円）
相続分 $\frac{1}{3}$	相続分 $\frac{1}{3}$	相続分 $\frac{1}{3}$

特別受益として認められるもの、認められないもの

では、「特別受益」として、具体的に認められるものにはどのようなものがあるのでしょうか。

① 婚姻もしくは養子縁組のための贈与

婚姻の際に親が持参金を持たせたり、嫁入り道具を買い与えたりすることがあります。このような婚姻に伴う高額な費用は特別受益となります。

もっとも、婚姻に伴い発生する費用でも、結納金や挙式費用はこれにあたらないというのが裁判所の立場ですので注意が必要です。

② 生計の資本としての贈与

ア 子どもが独立して生活を営む際の土地・建物の贈与

子どもが家庭を持ち新たな住居を持つ際に、親が子どもを援助してあげるということは一般的によくあることです。

方法としても、親が所有する土地や建物をそのまま贈与したり、新たな住居の購入資金の一

76

部を出してあげたりと、いろいろありますが、これらは「生計の資本としての贈与」として特別受益にあたります。

今回のケースで、B子さんは結婚して家を建てる際にマイホームの頭金ということで母親から200万円もらっていますが、まさにこの生計の資本としての贈与として特別受益にあたるというわけです。

イ　子どもが事業を行う際の資金提供

子どもが何か事業をやっている、もしくは事業を新たに営もうとする際に、親が資金の援助をしてあげることがあります。

高い金利で子どもが借金し苦しむ姿を見るよりは、資金に余裕がある親がかわいい子どものために一肌脱いであげようというところでしょうか。

このような資金提供は、もちろん生計の資本としての贈与として特別受益にあたります。

ウ　学費など

一番、問題になりやすいのが学費です。

親が、子どもの高等教育や留学、または留学に準ずるような海外旅行のための費用を出している場合には、これらは原則として、生計の資本としての贈与として特別受益にあたります。

しかし、学費の面においては注意が必要です。

裁判例では、被相続人の生前の資産や生活状況に照らして、扶養の一部として認められる場合には特別受益にあたらないとしています。

つまり、大学に進むのが一般的な現代では、一定程度の収入のある家庭では、子どもの能力に応じて大学や大学院に行かせるのは扶養の範囲だということになり、特別受益には当たらないことになる可能性があるのです。

もっとも、子どもたちの中で一人だけ、あまりにも高額な学費の援助を受けた者がいる場合などは特別受益にあたるとされるでしょう。

また、子どもたち全員が同程度の教育を受けているときなどは、後に述べる持ち戻し免除の黙示の意思表示があるとされ、特別受益とされない場合があります。

③生命保険金、死亡退職金、遺族給付

生命保険金や死亡退職金、遺族給付は、純粋には遺産分割の対象財産にあたりません。

なぜなら、これらは受取人が指定されており、**受取人固有の財産で遺産ではない**と考えられているからです。

しかし、子どもの一人が、親の遺産が預貯金1000万円しかないにもかかわらず、3000万円の生命保険金を受け取っていて、その子どもが他の子どもたちと同じ相続分を受

けるのは不公平ではないでしょうか。

この点については、難しい問題であり、ケースごとに解釈が異なってきます。

裁判所はどのように考えているかというと、生命保険金については、原則として特別受益にはあたらないが、「保険金の受取人である相続人とその他の共同相続人との間に生ずる不公平が、本条（民法９０３条）の趣旨に照らし到底是認することができないほどに著しいと評価すべき特段の事情が存する場合には、同条の類推適用に準じて持ち戻しの対象となる」（最高裁平成16年10月29日判決）としています。

つまり、あまりにも大きな不公平が相続人の間で生じるようであれば、相続人の間の公平を図るという趣旨がまっとうされないので、本来、受取人固有の権利として認めるべき生命保険金も特別受益としますよ、としたのです。

そして、生命保険金が特別受益となるかは、保険金の額、この額の遺産総額に対する比率の他、同居の有無、被相続人の介護等に対する貢献の度合い、保険金受取人である相続人および他の共同相続人の生活実態など、諸般の事情を総合的に考慮して判断されます。

持ち戻し免除の意思表示があった場合には持ち戻しをしなくてもよい

もっとも、親が子どもに「特別受益」にあたると考えられる支出をした場合でも、これを**特別受益として持ち戻さなくてよい方法**があります。それが、「**持ち戻し免除の意思表示**」です。

持ち戻し免除の意思表示とは、被相続人となる親が特別受益を与えられた子どもについて「**持ち戻しをしなくてもよい**」という 意思表示 をすれば、持ち戻しをしなくてもよいとするものです。

親にとっては、ある子どもに対する贈与が、遺産の前渡しとしてではなく、単にその子どもにあげたものという場合があります。そのような場合には、親が「持ち戻しをしなくてもよい」という持ち戻し免除の意思表示をすれば、持ち戻しをしなくてもよいことになります。

もっとも、持ち戻しの免除の意思表示は、贈与と同時ではなく、後から意思表示することも可能です。また、持ち戻し免除の意思表示の方式は必要なく、黙示の意思表示でもよいとされています。

もっとも、口で伝えるだけでは、後から「言った・言わない」の争いの元になる可能性がありますので、やはり、**書面で形に残るようにしておくのが無難**です。そうすれば、争いなく特別受益について持ち戻しをする必要がなくなります。

一番良いのは、有効な遺言にきちんと「**持ち戻しは必要ない**」と書いておくことです。そうすれば、争いなく特別受益について持ち戻しをする必要がなくなります。

80

解決策：親が生前に子どものためにやっておくべきこと

「特別受益」がある場合には、親としてはやはりそのことを念頭に置いて、遺産分割を考えてあげるべきです。

あげた本人やもらった子どもは案外忘れてしまっていることを、**もらっていない子どもは案外覚えているもの**です。

そして、**そのときの不満が相続の場面で爆発してしまう**のです。

特別受益をめぐっていったんもめだすと、「お姉ちゃんはあのとき○○してもらった」とか「あんたは、いつもこづかいをもらっていた」とか、ささいなことまでひっぱり出してきて、争いがどんどんエスカレートしていきます。

私も弁護士の仕事を通して、そのような事例を数多く見てきました。

このため、遺産を子どものうちの一人に多く与えなければならない何か特別な理由がない限りは、生前に贈与したものを考慮して、持ち戻しをして、結果的に、子どもたちに不平不満が残らないような遺産の分け方をしてあげましょう。

そして、**誰にいつ何をあげたか、きちんとメモに残しておくこと**をお勧めします。

このケースでは、A男さんとB子さんは、それぞれ親から学費やマイホームの資金を出してもらっています。

このような証拠を残しておくことで、生前に贈与したものを明らかにすることができ、特別受益があったかなかったかで、もめることがなくなります。

そこで、母親は、「遺産の3000万円について、A男さんには1000万円、B子さんには900万円、C子さんには1100万円相続させる」という内容の遺言を書いておくのです。

しかし、これだけでは足りません。きちんと遺言の付言事項で、なぜこのような遺産分割をしたかを三人が納得するように説明しておくのです。

付言事項には「B子にはマイホームの頭金として200万円を与えた。A男は大学院まで進ませ、B子やC子よりお金がかかったことは事実であるが、勉強をしたいというA男の志はとても素晴らしいものであるから、他の二人より多く財産を与えることにした。この遺言の趣旨をよく理解して、相続において考慮し、何も金銭的な援助ができなかったC子には、100万円だけ差をつけた。A男やB子と比べ、C子には、くれぐれも無用な紛争を起こさないことをお願いする」と書いておくとよいでしょう。

特別受益の持ち戻しは法律で定められた制度であり、遺言で書いておかなくても、生前になされた贈与が特別受益にあたるとなれば持ち戻しをしなければなりません。

そして、特別受益が持ち戻されて、相続分に応じた遺産分割が行われます。

そのため、遺言を書いても書かなくても、結果は同じではないかと思うかもしれません。

しかし、遺言があればしょうがないかと納得するものも、何もなければ、もらったものをもらっていないと言い出したり、過去のささいな出来事を持ち出してきて他の子どももあたかも特別受益があったかのような主張をしてきたりする場合があるのです。

相続の紛争の場面でよく聞かれるのが「○○はあんなひどい人じゃなかったのに」という言葉です。過去の記憶はどんどん薄れていくため、自分が過去に親から恩恵を受けていても、そのことはすっかり忘れてしまい、今、目の前にある財産に目がくらんで、みんなと同じだけもらいたいと思ってしまうのです。

人間、**損をしたくないという気持ち**が心の奥底にあり、遺産分割の場面ではどうしても、それが色濃く出てしまうのです。

特別受益がある場合には、特に注意して、きちんと対策をしておきましょう。

［ポイント］
誰に何を渡したか証拠を残しておこう。持ち戻しをして、結果的に子どもに不平不満が残らないような遺産の分け方をしよう！

ケース⑤ 介護の苦労は評価される?

長年にわたり母と同居し介護をしてきた姉が、その苦労分を遺産分割で評価してほしいと妹や弟にお願いしたが、まったくとりあってもらえなかった事例。

[事例の概要]

長女のA子さんは独身で、いったんは家を出て一人暮らしをしたものの、母親の足腰が弱ってきたことを機に、実家に戻って母親と一緒に暮らしていました。A子さんが母親と住んでいる自宅とその敷地は、父親が死んだときに母親が相続し、母親の単独所有となっていました。妹のB子さんと弟のC男さんは県外に住んでいることもあり、実家に帰ってくるのはお盆とお正月くらいで、C男さんに至ってはお嫁さんがC男さんの母親と折り合いが悪かったから実家から足が遠のいていました。

いよいよ母親の老化が進み、介護が必要になった際に、A子さん、B子さん、C男さんの三人で、家族会議が開かれました。そのとき、母親の介護を誰がするべきかという話になり、B子さん、C男さんは自分の家族のこともあるし、遠方に住んでいるので自分たちは介護できな

84

第2章　遺産分割でよく争いになるケース

いと言い、やはり、一緒に住んでいるA子さんがやるべきだという話になりました。A子さんとしては、自分一人で母親の介護をやっていくことに責任の重さや不安を感じていましたが、B子さん、C男さんが「その代わり、お姉ちゃんは今住んでいる家にずっと住み続けていいから」と提案したことから、しぶしぶ了解しました。

A子さんは、福祉の力を借りるなどしながら、認知症の進んだ母親の介護を行い、その最期まで看取りました。

その後、相続の話になったところ、B子さん、C男さんが平然と次のようなことを言ってきました。

「お姉ちゃんは今住んでいる家にずっと住み続けていいけど、不動産の価値は3000万円らしいから、相続割合に応じて1000万円ずつ私たちにちょうだいね」

これに驚いたA子さん。

「介護をする代わりに、今住んでいる家にずっと住んでいいって言ったのはうそだったの？　介護をしたことは相続において考慮されないの？」

寄与分とは？
寄与があったと認められる場合はどうなる？

A子さんが介護をしたことは、相続において何も考慮されないのでしょうか。

介護というものは、精神的にも肉体的にも負担が大きく、想像を超える苦労があるものです。

介護で苦労した人には、相続において少しは考慮されてもよいような気がします。

そこで、考えられるのが「**寄与分**」という制度です。

寄与分とは、共同相続人の間の公平を図るために設けられた制度で、共同相続人の中に、被相続人の財産の維持または増加に特別の寄与をした者があるときには、相続分以上の財産を取得させようとするものです。

特別の寄与が認められる場合、相続財産からその者の寄与分を控除したものを相続財産とみなして、相続分を算定し、寄与者はその算定された相続分に寄与分を加えた額を相続分とすることになります。

これだけ聞くと、A子さんの介護は、この寄与にあたり、簡単に処理できるような気がします。しかし、寄与分が認められるための特別の寄与は、**通常期待される程度を超える貢献**でなければなりません。このため、A子さんがどの程度の介護をやっていたのかが問題となります。

86

日本には、昔から家族は助け合うものという考え方が根づいており、**親族間には扶養義務と**いうものがあります。

よって、**一定程度の介護はこの扶養義務の範囲内**とみられることもあり、寄与分が認められるためには、その介護がどれほど重労働だったかを立証する必要があります。

すなわち、A子さんが行っていた介護が、親族間の通常の扶養の範囲を超えるものであり、A子さんが母親の介護を行ったおかげで療養費を支払わずに済み、母親の財産の維持に貢献したことが必要となるのです。

もっとも、寄与分が認められたとしても、介護においては寄与分を金銭的に換算するのがとても複雑であるという難点があります。

この点は、裁判や調停の場面でも、大いに頭を悩ませるところです。

そして、寄与分を主張できるのは、原則として、相続人に限られます。

もっとも、例外として、相続人の配偶者や子どもが寄与行為を行った場合には、配偶者や子ども自身が寄与分権者として請求することはできませんが、その寄与が相続人の寄与と同視できるような場合には、相続人は、自己の寄与分として請求することができる場合があります。

寄与行為が認められる場合、認められない場合

被相続人の財産の維持または増加に貢献があると認められれば、どのような行為でも寄与の対象とされるのでしょうか。

そうではありません。法律は、寄与の対象行為として、「**被相続人の事業に関する労務の提供または財産上の給付、被相続人の療養看護その他の方法による被相続財産の維持または増加について特別に寄与したこと**」という限定をしています。

では、寄与行為がどのような場合に認められるのか詳しく見ていきましょう。

①事業従事型

被相続人の事業に無報酬で貢献した場合などがこれにあたります。家業である農業、商工業などに従事することが考えられます。

もっとも、①特別の貢献と認められる事業への従事があり、②無償で（無償性）、そして、③継続して行われていたこと（継続性）、④専従性が要件となりますが、現実には②無償性の要件を満たすことは難しいとされています。

88

②金銭等出資型

被相続人に対して、特別に金銭を出資した場合がこれにあたります。被相続人の事業に関する出資をしたり、不動産の購入資金を援助したり、医療費や施設入所費を払ったりした場合、このような被相続人に対する財産上の利益の給付が、寄与分として認められることがあります。

③療養看護型

被相続人の療養看護を行った場合がこれにあたります。

ただ単に、被相続人と同居し、家事を援助しているに過ぎない場合は、親族間の通常の扶養の範囲を超えず、寄与分を認めるのは難しいでしょう。

そして、①療養看護の必要性があり、②特別の貢献と認められる療養看護があり、③無償で（無償性）、④継続して行われていたこと（継続性）、⑤専従性が要件となります。

④扶養型

被相続人に対して、扶養を行った場合がこれにあたります。

相続人が被相続人の扶養を行い、一定額の仕送りを毎月行っていた場合や同居して衣食住の面倒をみていたなど、被相続人の扶養を行い、被相続人が生活費などの支出を免れたため、財産が

維持された場合に認められます。

① 扶養の必要性があり、②特別の貢献と認められる扶養があり、③無償で（無償性）、そして、④継続して行われていたこと（継続性）が要件となります。

⑤ 財産管理型

例えば、財産管理をして相続人の財産維持に寄与した場合などがこれにあてはまります。不動産の賃貸管理や立ち退き交渉など、相続人が被相続人の財産を管理することによって財産の維持形成に寄与した場合です。

そして、①財産管理の必要性があり、②特別の貢献と認められる財産管理を行い、③無償で（無償性）、④継続して行っていたこと（継続性）が要件となります。

寄与分はどうやって算定するの？

特別の寄与が認められる場合、相続財産からその者の寄与分を控除したものを相続財産とみなして、相続分を算定し、寄与者はその算定された相続分に寄与分を加えた額を相続分とすることになります。

では、寄与分はどうやって算定するのでしょうか。

寄与分額は、**寄与の時期、方法及び程度、相続財産の額**その他一切の事情を総合的に考慮して決定されます。

算定の方法としては、次のようなものがあります。

① **相続財産全体に占める寄与分の割合を定める方法**
② **寄与分に相当する金額を定める方法**
③ **相続財産のうちの特定物をもって寄与分と定める方法**

なお、算定の基礎財産には、消極財産（債務）は考慮せず、積極財産のみ対象とします。

寄与分については、原則として、相続の開始後に相続人全員の協議によって決定しますが、協議が調わないときは、家庭裁判所が寄与の時期、方法および程度、相続財産の額その他一切

の事情を考慮して決することになります。

　このケースでは、療養看護型または扶養型の問題であることから、仮に寄与分が認められれば、寄与分に相当する金額を、A子さんの寄与の時期、方法および程度、その他一切の事情を総合的に考慮して決定されることになります。

第2章　遺産分割でよく争いになるケース

解決策：親が生前に子どものためにやっておくべきこと

子どもからの寄与行為がある場合には、親としてはその**貢献度合いを考慮して、遺産分割を**考えてあげるべきです。

そして、寄与分については、遺言の付言事項できっちりと、①**誰からどのような寄与行為があったか**、②**寄与分額を算定するとどのくらいになるか**、そして、③**この寄与分額を考慮して遺産分割を行った**ということを明記しておくべきです。

たしかに、寄与分は法律で定められた制度であり、遺言で書いておかなくても、特別の寄与が認められれば、寄与分権利者は、他の相続人より、寄与分だけ多く相続財産をもらうことができます。このため、遺言を書いても、書かなくても結果としては同じではないかと思うかもしれません。

しかし、寄与分というものは、相続の場面においては、特別受益と並んで**非常にもめやすいことがらのひとつ**でもあります。

その理由としては、**ある行為がそもそも特別の寄与と認められるのか、認められたとしてもどうやって寄与分を金銭的に換算するのかを明確に決めることが難しい**ケースがとても多いこ

93

とがあげられます。

遺言書がない場合には、相続人の間で遺産分割協議を行うことになりますが、その協議がまとまらず、結局、この寄与分をめぐって、調停や裁判で争うということは実際にとても多いのです。

寄与分を考慮した遺言書さえあれば、こんなに争う必要はなかったのにと思うことがよくあります。

人間は、都合のよいことだけ強調して考える癖があるので、寄与行為を行った子どもは、

「自分はこんなにも尽くしたのに」
「あいつは何にもやってこなかったくせに」

と憤慨することになりますし、一方の子どもは

「あいつは言うほど何もやってはいない」
「親のそばにいるなら当然のことだろう」

などと言い出します。

人間の過去の記憶はどんどん薄れていき、都合のよいように事実を捉えなおしてしまうため、目の前にある財産をより多くもらいたい、と思ってしまうのです。争いによって大切な親族との絆が失われてしまうにもかかわらず、欲に目がくらんでしまうのです。

そうして、お互いがお互いのことを傷つけあうような言動を始め、仲の良かった親族が二度

94

第2章　遺産分割でよく争いになるケース

と口をきかない間柄になっていくのです。

このため、親としては、**子どもからの寄与行為がある場合**には、その貢献度合いを考慮して、寄与分に応じて、その子どもに多めに相続財産を与える遺言書を書きましょう。**遺言書などなくても、寄与分は法律で考慮されるのだから流れに任せておけばよいなどとは決して思わないこと**です。

そして、多めに相続財産を与えたことについて、他の子どもたちが納得するように、遺言の付言事項で、

① 誰からどのような寄与行為があったか
② 寄与分額を算定するとどのくらいになるか
③ ①と②を考慮して遺産分割を行うことにした

ということを説明しておくのです。

そうすれば、遺留分を侵害しない遺産分割を定めた有効な遺言書である限り、子どもたちは遺産分割を争うことはできず、紛争にはなりません。

また、なぜ、そのような遺産分割をしたかという理由がわかれば納得もするでしょう。

親としては、いつ、誰から、どのような寄与行為を受けたか、詳しくメモなどに残しておくとよいでしょう。

どのような寄与行為があったかを明らかにすることで、寄与分額の算定に役立ちます。

今回のケースでは、A子さんが行っていた介護が、親族間の通常の扶養の範囲を超えるものであり、A子さんが母親の介護を行ったおかげで療養費を支払わずに済み、母親の財産の維持に貢献したことが必要となります。

[ポイント]
　寄与分は遺言がなければなかなか認められない。遺言で、苦労を評価する遺産分割をしてあげよう。そして、姉に介護でどんなに苦労をかけたかを、他の妹弟にわかるように付言事項で書き残そう！

ケース⑥ 同居して商売を手伝ってきたことが遺産分割に反映されるか?

兄夫婦が父と同居してパン屋を手伝ってきた。遺産はパン屋兼自宅のみで、めぼしい預貯金はなし。兄夫婦はそのままパン屋を続けたいと考えるが、弟はパン屋兼自宅を売却して現金をよこせと主張し、結局パン屋を続けられなくなった事例。

[事例の概要]

A男さん夫婦は、パン屋を営む父親が高齢で、なかなか一人ではパン屋を続けることが難しくなったことから、10年ほど前から同居して、パン屋を手伝っていました。お店の経営はそれほど芳しくはありませんでしたが、それでも何とか借金をせずにお店を続けていくことはできていました。

しかし、長年の無理がたたってか、突然、A男さんの父親が亡くなってしまいました。とりあえずパン屋は休業して、A男さんは喪主として葬式を取り仕切り、四十九日の法要、納骨を終えました。

少し落ち着きを取り戻し、A男さんがパン屋を再開しようとしたところ、A男さんは、弟であるB男さんから思いがけないことを言われてしまいます。

「相続のことだけど、兄さんと俺は半分ずつのはずだから、パン屋を売ったお金を半分ずつにしたらいいよね？」

驚いたA男さん。てっきり、自分は、これからもそこに住み続けて、何の問題もなくパン屋を続けていけると思っていました。

でも、よくよく考えるとパン屋兼自宅は父親の所有となっており、A男さんの所有ではありません。

でも、A男さんはずっと父親のパン屋を手伝ってきたはずですから、そのことは相続において何か考慮されないのでしょうか。

父親にはめぼしい預貯金はなく、財産はパン屋兼自宅のみです。

A男さんはどうしたらよいのでしょうか？

事業を手伝ってきたことは寄与行為にあたるか？

A男さん夫婦が父親と同居して、パン屋さんを手伝ってきたことは、相続において何も考慮されないのでしょうか。

A男さんとしては、今まで自分と父親が一緒にパン屋を頑張って盛り立ててきたからこそ、父親は借金もせずにパン屋兼自宅を維持してこられたのだと思っています。

そして、このことは、相続にあたって考慮されてもよいのではないかと考えています。

はたして、このことは相続において考慮されるのでしょうか。

ここで、考えられるのがケース⑤でも出てきた「寄与分」という制度です。

寄与分とは、どういう制度だったか覚えていますか。

寄与分とは、**共同相続人の間の公平を図るために設けられた制度**で、共同相続人の中に、被相続人の財産の維持または増加に特別の寄与をした者があるときには、相続分以上の財産を取得させようとするものです。

そして、被相続人の事業に関する労務の提供または財産上の給付による被相続財産の維持または増加について特別に寄与したと認められる場合にも、寄与が認められる可能性があるとい

しかし、ここでよく思い出してください。
今回のケースのような父親の事業を手伝っていたという「事業従事型」の寄与行為の場合、何か要件がありませんでしたか。

そうです。被相続人の事業に**無報酬**で貢献したことが必要でした。事業従事型の場合、①特別の貢献と認められる事業への従事があり、②無償で（無償性）、そして、③継続して行われていたこと（継続性）、④専従性が要件で、これらの要件を満たす必要がありますが、現実には②無償性の要件を満たすことは難しいと説明しましたね。

はたして、今回のケースはどうでしょうか。

A男さん夫婦が報酬ももらわずに無償でパン屋を手伝っていたのであれば、事業従事型の寄与行為にあたる可能性もありますが、さすがに生活費程度の報酬はもらっていた可能性があります。

本業や副業を持っていたのであれば話は別ですが、そうでなければ生活していくためにお金が必要です。まさか、無償で手伝っていたとは考えにくいことです。

そうすると、いくら父親に協力してパン屋を頑張ってきたからといって、その頑張りを寄与分という形で相続に反映することは難しいということになります。

同居して兄夫婦の嫁が家事を負担していたことが寄与行為にあたるか?

では、父親と同居して、A男さん夫婦が父親の身の回りの世話をしたり、家事全般をやっていた場合に、このことは相続において考慮されないのでしょうか。

B男さんは、父親に対して特に何の援助もしていなかったのですから、不公平ともいえそうです。

では、相続に反映させるためには、どのような方法が考えられるのでしょうか。

ここでも、やはり、問題となるのは寄与分の制度です。

相続人が被相続人に対して一定額の仕送りを毎月行っていた場合や、同居して衣食住の面倒をみていたなど、被相続人の扶養を行い、被相続人が生活費等の支出を免れたため、財産が維持された場合には、「扶養型」の寄与行為として、寄与分が認められる可能性があることは、すでにケース⑤で説明しました。

そして、「扶養型」の要件としては、①扶養の必要性があり、②特別の貢献と認められる扶養があり、③無償で(無償性)、そして、④継続して行われていたこと(継続性)が必要となります。

今回のケースはどうでしょうか。

A男さん夫婦の行っていた身の回りの世話や家事全般が、**親族間の通常の扶養の範囲を超えるもの**であり、そのおかげで**父親の財産の維持または増加に貢献した**といえれば、寄与分が認められる可能性があります。

しかし、一般的な同居生活でのお世話や家事を、親族間の扶養の範囲を超えるものと判断することは非常に難しいでしょう。

そして、仮に、寄与分が認められたとしても、扶養をどう金銭的に換算するかという難しい問題があります。

A男さんに、パン屋兼自宅の所有権をそっくりそのまま移せるほどの寄与分は、認められないでしょう。

解決策：親が生前に子どものためにやっておくべきこと

では、今回のケースで、A男さんはどうすればそのまま自宅に住み続けて、パン屋を続けることができたのでしょうか。

このケースでも、父親がA男さんのことを考えて、**遺言書を書いておくことが必要**でした。「唯一の財産であるパン屋兼自宅をA男さんに相続させる」という内容の遺言書があれば、A男さんは、そのまま自宅に住み続けて、パン屋を続けることができました。

しかし、今回のケースでは、実は**遺言書だけでは不十分**です。

なぜなら、唯一の財産がパン屋兼自宅しかありませんので、これをA男さんにすべて相続させることは遺留分（ケース⑦で詳しく説明します）を侵害することになってしまうからです。

ここで、活用できるのが、ケース③でも説明した**生命保険で代償金を作る**という方法です。

A男さんがパン屋兼自宅を取得し、その代わりにB男さんには、A男さんから代償金を支払うことにするけれども、その代償金はA男さんが用意するのではなく、父親が生前に父親を被保険者、受取人をA男さんとする生命保険をかけておき、この生命保険でまかなうことにするという方法です。

そうすれば、A男さん夫婦は今までどおり自宅に住み続け、パン屋も続けていけますし、B男さんもパン屋兼自宅を売ったときと同じ形の現金を代償金という形で受け取ることができ、双方の想いが合致するのです。

しかしながら、保険金を使って代償金を作るという方法は、死ぬ直前に思い立っても利用することができません。

このため、遺産が不動産のみという場合、しかも、その不動産を糧として子どものうちの一人が事業をしようとしている場合には、その不動産が遺産分割によって使えなくなってしまえば非常に困ることは目に見えています。よって、しっかりと親が子どものために遺産分割について考えてあげなければなりません。

事前にしっかりと考えて、対策をする必要があります。

保険金を使って代償金を作った上で、A男さんに唯一の財産であるパン屋兼自宅を相続させ、その代償金として、A男さんからB男さんに◯万円支払うという内容の遺言を書いておくことで、A男さんとB男さんは今後も仲の良い兄弟でいられるでしょう。

【ポイント】
事業を手伝っていたことによる寄与分が認められる可能性は低いので（無償性の要件を満たさないため）、親は子どもが事業を継続できるように、生前に対策をしておくこと！

104

ケース⑦ 事業承継の問題と遺産分割

父の会社を手伝っていた弟が、会社を継ぐために会社の株のすべてを遺産分割で取得したいと考えていたところ、姉が経営に関与するつもりがないにもかかわらず株式がほしいと言ってきて、株式の配分でもめた事例。

［事例の概要］

A男さんには、二人の子どもがいました。B子さん（姉）とC男さん（弟）です。A男さんの妻は早くに亡くなり、A男さんは男手一つで二人の子どもの面倒を見ながら、一代で運送会社を築き上げました。

今では、二〇人の従業員を抱えるまでになり、C男さんが父親の跡を継ぐべく、会社でA男さんの手伝いをしていました。B子さんは別の会社で事務の仕事をしており、A男さんは、運送会社はC男さんが承継するものと考えており、自分が持っている会社の株式はすべてC男さんに相続させる旨の遺言を書いていました。

健康だったA男さんが突然体調を崩し、あっけなく他界してしまいました。そこで、A男さ

んの相続が発生しました。
　A男さんは運送会社に資産をつぎ込んでいたために、運送会社の株式以外には財産はありません。遺言には、唯一の財産である株式はすべてC男さんに相続させるとあります。
　C男さんは、B子さんは他に仕事があるし、運送会社についても今まで口をはさんだことがなかったため、会社の株式を自分が全部もらうことになっても何も問題はないと思っていました。
　ところが、A男さんが生きていた間は何も言わなかったB子さんですが、今の仕事に満足していない様子で「そんな遺言には納得がいかない。私にも会社の株式をもらう権利があるはず」と言い出しました。
　しばらくして、C男さんのもとに、B子さんの代理人の弁護士から「B子さんの遺留分は遺産全体の4分の1にあたり、遺言はB子さんの遺留分を侵害しているので、遺留分減殺請求をします」という書面が届きました。
　はたして、C男さんはどうしたらよいのでしょうか。

事業承継における遺留分の問題と株式の分散による不都合

会社の相続ともいわれる**事業承継の問題**は、今も昔も、経営者の悩みの種です。

後継者がいる場合には、**他の相続人とトラブルにならない形**で、その後継者にどのように**会社を引き継がせるか**が問題となってきます。

後継者がいない場合には、後継者を社外から呼び寄せたり、事業自体を売却したり、あるいは廃業するという選択肢を選ぶこともあります。

A男さんの会社の場合には、C男さんがもともと会社を継ぐべく、A男さんの会社で下積みをし、A男さんもそのつもりで遺言まで書いていたのですから、会社の承継はうまくいくように思えました。

しかし、そこが相続の難しいところなのです。

相続は、**人の問題**でもあるのです。

父親の生前には他の子どもたちは何も言わなかったとしても、いざ、相続が発生すれば、さ さいなことから今までの不満は爆発します。

それが相続なのです。

今回のように、他に目ぼしい財産がなく、唯一の財産である会社の株式はすべてC男さんのものとなり、自分は何ももらえないとすれば、B子さんから不満が出るのは当然でしょう。

この**不公平感を解消**していなければ、たとえ遺言があったとしても、遺留分を侵害するものであれば、そこから**争いになる**のです。

会社の事業を子どものうちの一人に承継させたい場合には、会社の株式をその子どもに相続させることによって経営権を与え、事業承継する方法が考えられます。

その場合には、株式をその子どもに相続させる旨の遺言を残すのが通常です。

しかし、目ぼしい財産が会社の株式しかなかった場合で、法定相続人が複数いる場合には、「株式をよこせ」と言ってくることが考えられます。

一部の法定相続人には、遺言によっても侵害することができない「**遺留分**」という制度があるのです。

その結果、株式は分散し、他の相続人たちが会社の経営にも口を出すようになり、会社の運営がスムーズにいかなくなってしまうケースはよくあるのです。

では、遺言によっても侵害することができない遺留分とは、どのようなものなのでしょうか。

遺留分の考え方

遺留分とは、**法定相続人が最低限相続できる割合**のことをいいます。

本来、被相続人は自分の財産を自由に処分できるのが原則です。誰に何をどれだけ与えるかという被相続人の意思は、最大限尊重されるべきです。

しかし、法定相続人にも相続において多少なりとも財産をもらえるだろうという期待があります。

そのような期待の保護と相続人の生活保障の観点から、遺留分の制度はあるのです。

例えば、長年苦労をともにしてきた妻や子どもがいながら、死ぬ間際に財産がすべて愛人にできた愛人に「すべての財産を譲る」という遺言を書いて父親が死んでしまった場合、財産がすべて愛人に渡ってしまうことになれば、妻や子どもが気の毒です。

そこで、**法律は、一定の法定相続人に必ず一定の割合で相続財産を相続することを保障して**いるのです。

そして、その保障された割合のことを、遺留分といいます。

もっとも、遺言で「長男にすべての財産を相続させる」という二男の遺留分を侵害した遺言

があり、二男がそれを不満に思っていても、二男が何もしなければ遺言どおり遺留分を侵害されたままの割合で相続が実行されてしまいます。

そのため、遺留分を侵害された法定相続人は、遺留分を侵害している人に対して、自分の遺留分を取り戻すために「**遺留分減殺請求**」をしなければなりません。

遺留分減殺請求は、必ずしも裁判による必要はなく、口頭で伝えてもよいですし、メールや手紙などでもOKです。

しかし、後々請求したか否かが問題とならないためにも、証拠をきちんと残しておくことには意味があり、**内容証明郵便などで行うこと**をお勧めします。

遺留分減殺請求をすることができるのは、**相続開始、および自分の遺留分が侵害されていることを知った日から1年**、あるいはそれを知らなくても**相続開始の日から10年**を過ぎると時効で消滅するので注意が必要です。

110

遺留分権利者と遺留分割合

では、法定相続人であれば誰でも**遺留分**があるのでしょうか。

実は、すべての法定相続人が遺留分権利者になれるわけではありません。

遺留分を受けることができる法定相続人は、

① 配偶者
② 子ども（代襲相続の場合の孫も含まれます）
③ 直系尊属（親、祖父母）

となります。兄弟姉妹には、遺留分はありません。

なお、遺留分割合は、配偶者や子どもが法定相続人にいる場合は相続財産の2分の1となります。法定相続人が親だけの場合は、相続財産の3分の1になります。

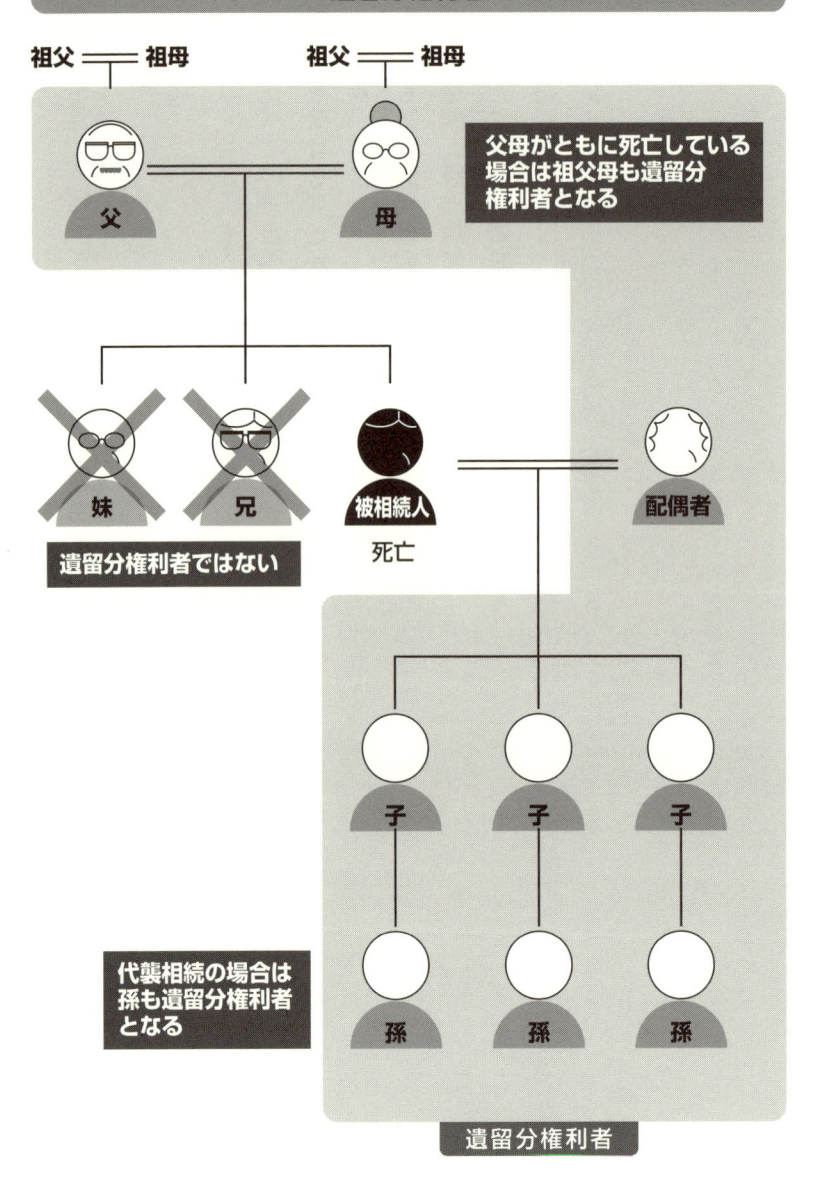

遺留分権利者

祖父＝祖母　　祖父＝祖母

父母がともに死亡している場合は祖父母も遺留分権利者となる

父　母

妹　兄
遺留分権利者ではない

被相続人
死亡

配偶者

子　子　子

孫　孫　孫

代襲相続の場合は孫も遺留分権利者となる

遺留分権利者

第2章　遺産分割でよく争いになるケース

遺留分割合

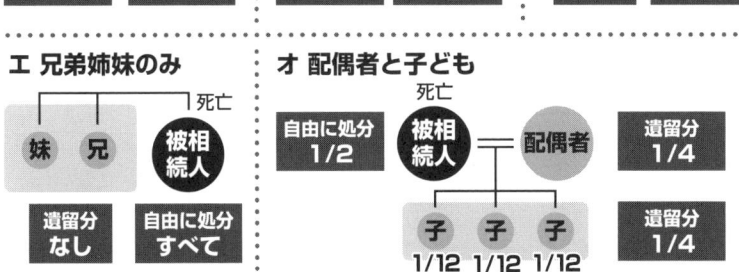

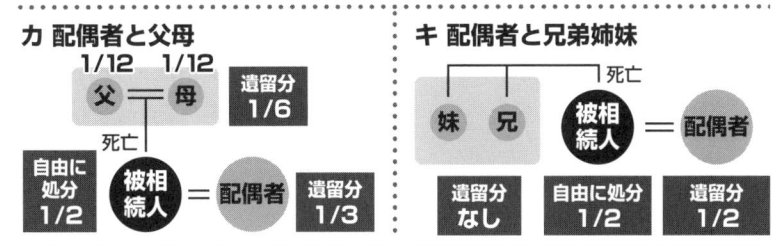

ア 配偶者のみ
被相続人（死亡）＝配偶者
自由に処分 1/2　遺留分 1/2

イ 子どものみ
被相続人（死亡）─ 子 1/4／子 1/4
自由に処分 1/2　遺留分 1/2

ウ 父母のみ
1/6 父＝母 1/6 ─ 被相続人（死亡）
遺留分 1/3　自由に処分 2/3

エ 兄弟姉妹のみ
妹・兄　被相続人（死亡）
遺留分 なし　自由に処分 すべて

オ 配偶者と子ども
自由に処分 1/2　被相続人（死亡）＝配偶者 遺留分 1/4
子 1/12・子 1/12・子 1/12　遺留分 1/4

カ 配偶者と父母
1/12 父＝母 1/12　遺留分 1/6
自由に処分 1/2　被相続人（死亡）＝配偶者 遺留分 1/3

キ 配偶者と兄弟姉妹
妹・兄　被相続人（死亡）＝配偶者
遺留分 なし　自由に処分 1/2　遺留分 1/2

法定相続人	法定相続分		遺留分	
配偶者のみ	すべて		2分の1	
子どものみ	すべて		2分の1	
父母のみ	すべて		3分の1	
兄弟姉妹のみ	すべて		なし	
配偶者と子ども	配偶者	2分の1	配偶者	4分の1
	子ども	2分の1	子ども	4分の1
配偶者と父母	配偶者	3分の2	配偶者	3分の1
	父母	3分の1	父母	6分の1
配偶者と兄弟姉妹	配偶者	4分の3	配偶者	2分の1
	兄弟姉妹	4分の1	兄弟姉妹	なし

解決策：親が生前に子どものためにやっておくべきこと

今回のケースでは、そもそもA男さんの作成した遺言書が、**遺留分を侵害するもの**であったことがトラブルの発端となっています。

遺言書を書く際の鉄則としては、**遺留分を侵害しない形**で、各相続人が強い不公平感を持たないような遺言を書くということがあります。

相続におけるトラブルは、すべて
「自分は公平に扱われていない」
「損をしている」
という不満からくるものです。とはいえ、会社経営とは難しいものです。全財産を会社の経営につぎ込んでしまって、会社以外には財産らしい財産を残すことができなかったという人は多くいるはずです。

そのような場合には、どうしたらよいのでしょうか。

まず考えられるのが、**保険金によって相続人の間の不公平を埋めるという方法**です。

今回のケースでいえば、A男さんの生前に、A男さんを被保険者、受取人をB子さんとする

114

生命保険をかけておきます。

そうすれば、A男さんが亡くなった際にC男さんが全財産である株式を相続することになったとしても、B子さんも保険金として一定の額を受け取ることができるので、不満は大きくならないはずです。

念のために、B子さんには、A男さんの生前に、家庭裁判所の許可を得て、**遺留分の放棄**をしてもらっておいたほうがよいでしょう。

そうすることで、A男さんの死後もB子さんは遺留分減殺請求ができなくなるので、争いが起きる心配がありません。

次に、**会社株式だけを遺留分算定の基礎財産から控除するという方法**もあります。

「中小企業における経営の承継の円滑化に関する法律」の「遺留分に関する民法の特例」を使う方法です。

ただし、誰でもできるというわけではなく、一定の要件を満たす必要があり、また、手続きも非常に複雑となりますので、弁護士などの専門家に相談することをお勧めします。

ざっくりとその手順を説明すると、「特例中小企業者」の「旧代表者」が「後継者」にその株式または持分を贈与した場合等において、推定相続人の全員が一定の合意（固定合意、除外合意、付帯合意）をし、経済産業大臣の確認を受け、家庭裁判所の許可を得るというものです。

では、今回のケースでは、A男さんはどのようにしておくべきだったのでしょうか。

やはり、B子さんとC男さんとの間に不公平感が残らないように、生前から対策をし、B子さんのために遺留分に相当する財産を確保しておく、そして、遺留分を侵害しない形の遺言を書いておくというのがベストでしょう。

それが難しいのであれば、生前にきちんと対策をし、生命保険金でB子さんには一定のお金が手に入るようにしておき、念のため、遺留分の放棄を家庭裁判所でしてもらっておくことになるでしょう。

[ポイント]
事業承継の場合には、生前にきちんと対策を練り、遺留分を侵害しない、各相続人が強い不公平感を持たない遺言を書く！

第3章

財産の分け方を考えよう

1 相続人は誰か？

いろいろな相続争いのパターンを見てきて、みなさんも何となく、どのように相続財産を分けたらよいかについてのイメージができてきたかと思います。

では、具体的に**財産の分け方**を考えていきましょう。

まずは、**相続財産メモ**を見ながら、**どの財産を誰にどう分けるか**を考えていきましょう。

そのためには、法律で定められた相続人が誰であるのかを知りましょう。

122ページの図に書き込んでみましょう。

すでに亡くなっている親族には×を書いて、死亡年月日を書いておきます。

法定相続人については、第2章のケース①で詳しく説明していますが、ここでも簡単に図示しておきます。

法定相続人が誰になるかわかったら、122ページの図の法定相続人を○で囲みましょう。

118

第3章　財産の分け方を考えよう

法定相続人

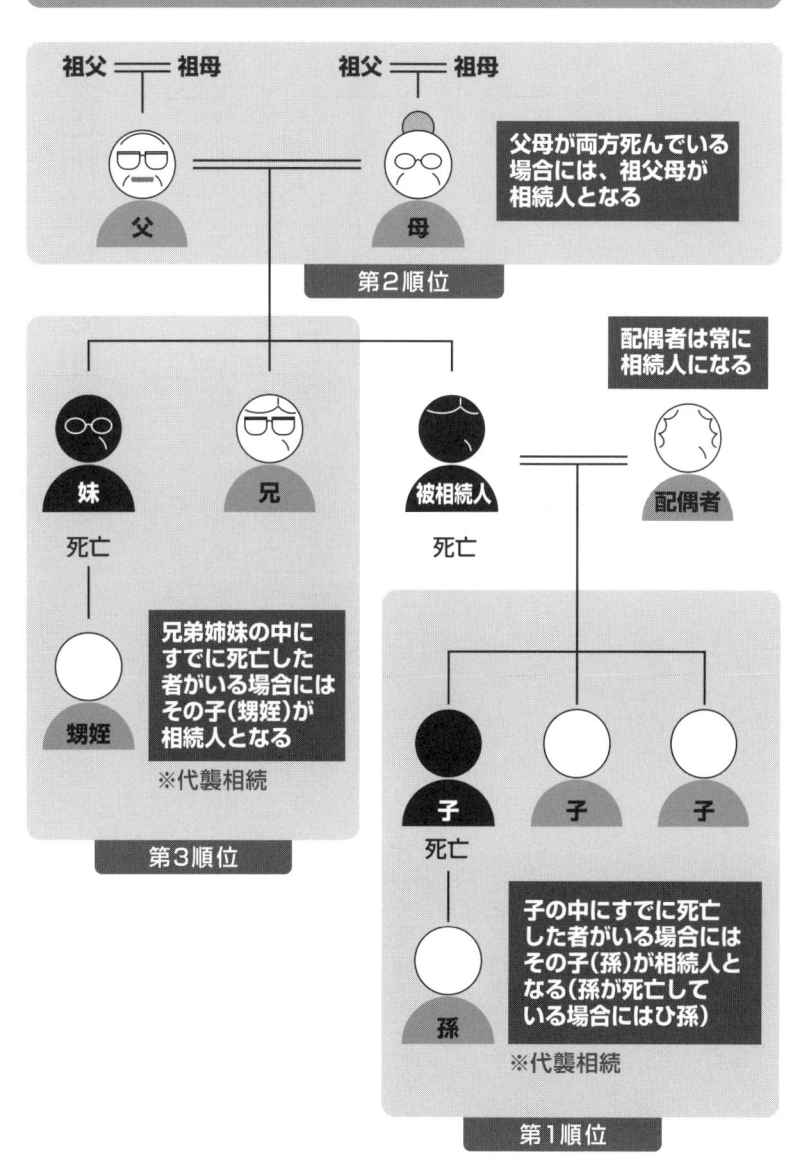

第2順位
祖父—祖母　祖父—祖母
父　　母
父母が両方死んでいる場合には、祖父母が相続人となる

第3順位
妹（死亡）　兄
甥姪
兄弟姉妹の中にすでに死亡した者がいる場合にはその子（甥姪）が相続人となる
※代襲相続

被相続人（死亡）　配偶者
配偶者は常に相続人になる

第1順位
子（死亡）　子　子
孫
子の中にすでに死亡した者がいる場合にはその子（孫）が相続人となる（孫が死亡している場合にはひ孫）
※代襲相続

2 法定相続分を知る

法律で定められた相続人が誰かわかったところで、その相続人たちが法律ではどれだけの割合で相続財産をもらうことになっているのか（法定相続分）を調べていきましょう。

財産をどのように子どもたちに分けるかは基本的には親の自由ですが、法定相続分を知ることで、**法律ではどのような割合**で財産を分けることになっているのか、という**一定の目安を知る**ことができます。そして、この目安を知った上で、自分の場合にはどの程度修正する必要があるのかを考えることになります。

法定相続分については、第2章のケース①で詳しく説明していますが、ここでもあらためて図示しておきます。

法定相続分がわかったら、122ページの図に書き込んでみましょう。

第3章　財産の分け方を考えよう

法定相続分とは

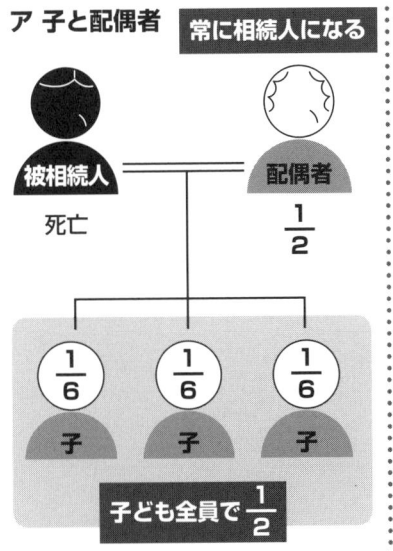

ア 子と配偶者

常に相続人になる

被相続人 死亡 ― 配偶者 1/2

子 1/6　子 1/6　子 1/6

子ども全員で 1/2

イ 直系尊属と配偶者

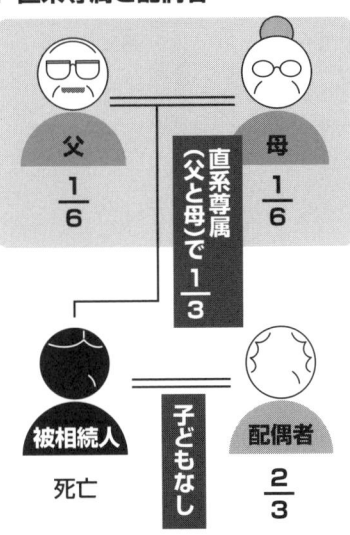

父 1/6　母 1/6

直系尊属（父と母）で 1/3

被相続人 死亡 ― 配偶者 2/3　子どもなし

ウ 兄弟姉妹と配偶者

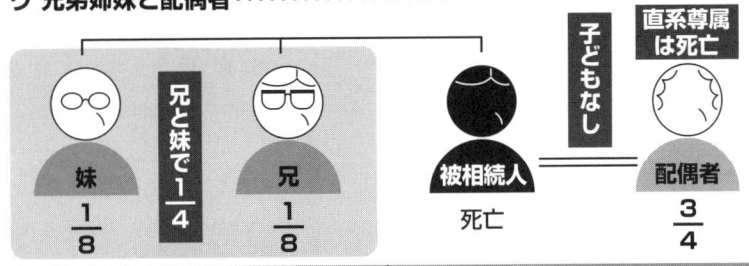

妹 1/8　兄 1/8

兄と妹で 1/4

被相続人 死亡 ― 配偶者 3/4　子どもなし　直系尊属は死亡

法定相続人	法定相続分	
子と配偶者	配偶者	2分の1
	子	2分の1
直系尊属と配偶者	配偶者	3分の2
	直系尊属	3分の1
兄弟姉妹と配偶者	配偶者	4分の3
	兄弟姉妹	4分の1

自分作成用の法定相続人・法定相続分の図

〈家系図〉

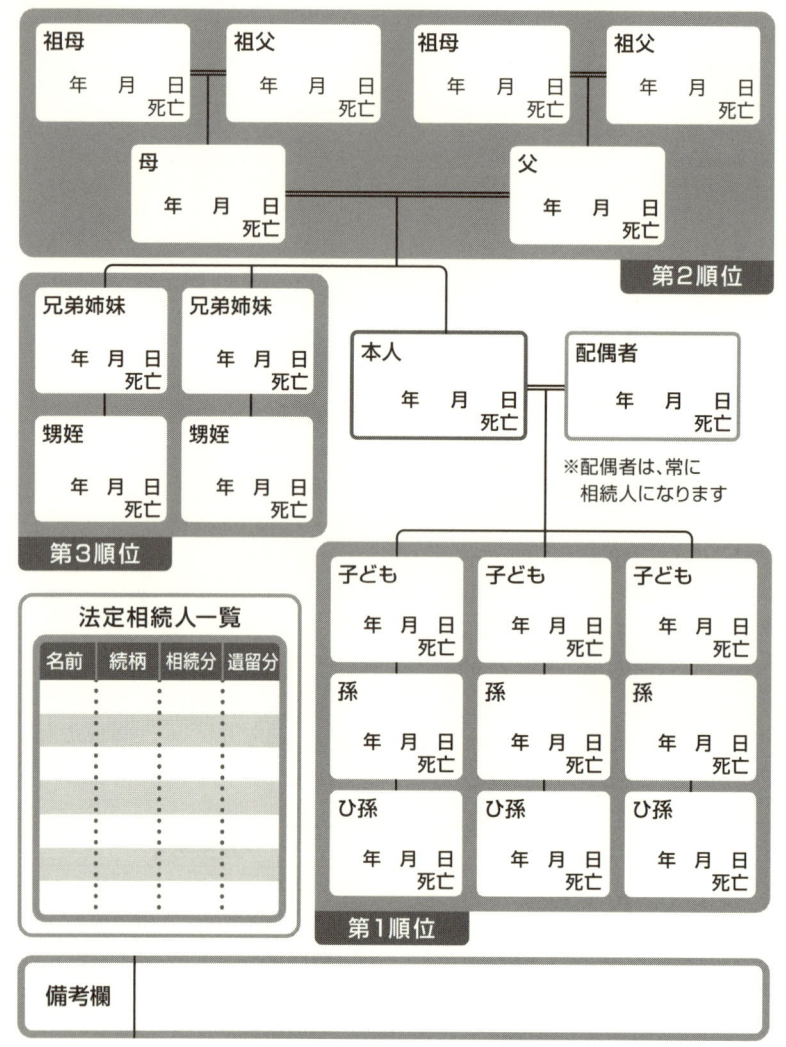

| 祖母 年 月 日 死亡 | 祖父 年 月 日 死亡 | 祖母 年 月 日 死亡 | 祖父 年 月 日 死亡 |

| 母 年 月 日 死亡 | 父 年 月 日 死亡 |

第2順位

| 兄弟姉妹 年 月 日 死亡 | 兄弟姉妹 年 月 日 死亡 |

| 甥姪 年 月 日 死亡 | 甥姪 年 月 日 死亡 |

第3順位

| 本人 年 月 日 死亡 | 配偶者 年 月 日 死亡 |

※配偶者は、常に相続人になります

| 子ども 年 月 日 死亡 | 子ども 年 月 日 死亡 | 子ども 年 月 日 死亡 |

| 孫 年 月 日 死亡 | 孫 年 月 日 死亡 | 孫 年 月 日 死亡 |

| ひ孫 年 月 日 死亡 | ひ孫 年 月 日 死亡 | ひ孫 年 月 日 死亡 |

第1順位

法定相続人一覧

名前	続柄	相続分	遺留分

備考欄

※すでに亡くなっている親族には×印をつけて、死亡年月日を書いておきます。
法定相続人が誰になるかわかったら、○で囲みましょう。

3 遺留分を侵害しない分け方を考える

財産をどのように子どもたちに分けるかは、基本的には**親の自由**です。
遺言書に、誰に何を与えるか、その旨をきちんと明記しておけば、その意思が優先されます。

しかし、ここで注意したいのが「**遺留分**」という制度です。

第2章のケース⑦で詳しく述べましたが、遺留分というのは**遺言によっても自由に処分できない財産の割合**のことで、相続人の間の不公平を防止するため、民法によって、一定の相続人が最低限度の財産を相続できることが定められています。

遺留分に反した遺言がなされた場合には、遺留分権利者が遺留分減殺請求をすれば、その分は遺留分権利者が取得することができるとするものです。

このため、相続人がもめないようにするためには、**遺留分を侵害しない形**で遺産分割を考える必要があります。もし、どうしても遺留分を侵害する遺言を書く場合には、事前に家族でしっかりと話し合いをしておくことをお勧めします。そして、遺留分を侵害される相続人には、**遺留分の放棄**をしてもらうことです。

相続の放棄は被相続人の生存中にはできませんが、遺留分の放棄は**家庭裁判所の許可**を得れ

ばできます。遺留分を侵害する遺産分割をしたいのであれば、この手続きをしておくべきです。

私が経験した相続争いで、次のような事案がありました。

父親が生きているときには、長男、二男ともに仲が良く、父親が「商店を引き継いでくれる長男に商店を含むすべての財産を譲りたい」と言ったときには二男は文句ひとつ言わず、その後、長男に全財産を与えるという遺言が、家族全員が見ている前で作成されました。

しかし、父親が死んだ途端、二男は遺言にはしたがえないと言って、長男に対し、遺留分減殺請求をし、遺留分である4分の1をよこせと言ってきました。

長男は約束と違うと憤慨しましたが、遺留分の放棄は口約束だけでは成立しないため、結局は二男の遺留分減殺請求に応じざるを得ませんでした。

いくら仲の良かった兄弟とはいえ、お金がからむと話は別です。おそらく、父親もこのように兄弟が仲たがいしてしまうとは思ってもみなかったでしょう。

争う余地がないように、親は子どものために、きちんとした**遺言書**を残し、遺留分を侵害する内容の遺言であれば生前に**遺留分の放棄**まで確定させることが、親の義務といえるでしょう。

そのためには、財産をしっかりと把握して、その分け方についてしっかりと考えておくことが必要なのです。

遺留分については、第2章のケース⑦で詳しく説明していますが、ここでも改めて図示しておきます。遺留分がわかったら122ページの図に書き込んでみましょう。

124

第3章　財産の分け方を考えよう

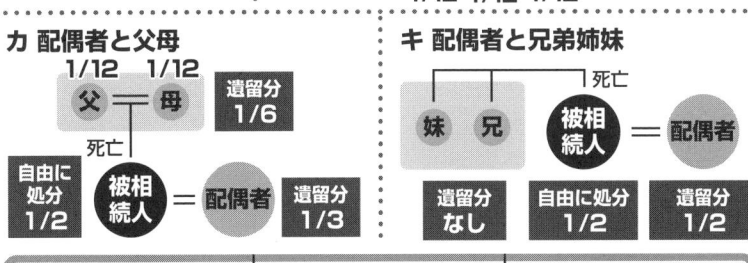

遺留分割合

ア 配偶者のみ
死亡　被相続人＝配偶者
自由に処分 1/2 ／ 遺留分 1/2

イ 子どものみ
死亡　被相続人 — 子 1/4 ／ 子 1/4
自由に処分 1/2 ／ 遺留分 1/2

ウ 父母のみ
1/6 父＝母 1/6 — 死亡 被相続人
遺留分 1/3 ／ 自由に処分 2/3

エ 兄弟姉妹のみ
妹　兄　死亡 被相続人
遺留分 なし ／ 自由に処分 すべて

オ 配偶者と子ども
自由に処分 1/2　死亡 被相続人＝配偶者 遺留分 1/4
子 1/12　子 1/12　子 1/12　遺留分 1/4

カ 配偶者と父母
1/12　1/12
父＝母　遺留分 1/6
死亡 被相続人＝配偶者
自由に処分 1/2　遺留分 1/3

キ 配偶者と兄弟姉妹
妹　兄　死亡 被相続人＝配偶者
遺留分 なし ／ 自由に処分 1/2 ／ 遺留分 1/2

法定相続人	法定相続分		遺留分	
配偶者のみ	すべて		2分の1	
子どものみ	すべて		2分の1	
父母のみ	すべて		3分の1	
兄弟姉妹のみ	すべて		なし	
配偶者と子ども	配偶者	2分の1	配偶者	4分の1
	子ども	2分の1	子ども	4分の1
配偶者と父母	配偶者	3分の2	配偶者	3分の1
	父母	3分の1	父母	6分の1
配偶者と兄弟姉妹	配偶者	4分の3	配偶者	2分の1
	兄弟姉妹	4分の1	兄弟姉妹	なし

4 生前贈与はあるか?

次に、**生前贈与**があったか、思い出してみましょう。

第2章のケース④でお話ししたとおり、生前贈与があった場合には、特別受益に該当し、**持ち戻しが必要になる可能性**があります。

そして、このような生前贈与については、誰にいつ何をあげたか、きちんとメモに残しておくことで、生前に贈与したものを明らかにすることができ、特別受益があったかなかったか、でもめることがなくなります。

生前贈与が特別受益にあたると考えられる場合には、親としてはやはり、**公平の観点から遺産分割において考慮をしてあげること**をお勧めします。

遺産を子どものうちの一人に多く与えなければならない何か特別な理由がない限りは、生前に贈与したものを考慮して、持ち戻しをして、結果的に、子どもたちに不平不満が残らないような遺産の分け方をしてあげましょう。

誰にいつ何をあげたか、次ページの表に書き込んでみましょう。

第3章　財産の分け方を考えよう

すでに贈与した財産（生前贈与財産）

資産名	日付	贈与した人	評価額

備考欄

5 自分に貢献してくれた人はいるか?

次に、**あなたのために特別に何かしてくれた人**がいないか思い出してみましょう。

そのような人には、その貢献に対して、相続時に少しお礼をしてあげてもよいのではないでしょうか。

そして、その人の行為がたとえ寄与行為にあたるとしても、寄与について争った結果、仲の良かった家族がバラバラになってしまったということはよくあることです。

このため、**あなたのために特別に何かしてくれた人に対しては、遺言で、苦労を評価する遺産分割をしてあげること**をお勧めします。

誰が、いつ、どのようなことをしてくれたか、次のページの表に書き込んでみましょう。

128

第3章　財産の分け方を考えよう

寄与分について

名　　前	
内　　容 (どのような特別な寄与があったか)	
期　　間	金銭的評価
備　考　欄	

名　　前	
内　　容 (どのような特別な寄与があったか)	
期　　間	金銭的評価
備　考　欄	

名　　前	
内　　容 (どのような特別な寄与があったか)	
期　　間	金銭的評価
備　考　欄	

名　　前	
内　　容 (どのような特別な寄与があったか)	
期　　間	金銭的評価
備　考　欄	

6 特定の誰かにあげるべき財産はあるか？

次に、**特定の誰かに与えたほうがよいと思われる財産**はありませんか。

例えば、独身で賃貸住宅に住んでいる子どもと、既婚で持ち家のある子どもがいる場合、親が今住んでいる家に独身の子どもが今後居住する可能性があるのであれば、独身の子どもに住処を与え、既婚の子どもには現金を与えるというのもひとつの手です。

誰がその財産を一番必要としていて、有効に使ってもらえるのか。誰に与えるのが一番喜ばれるのか。このことをしっかり頭において、遺産分割を考えることが後々もめることがない相続につながります。

そして、前述したように、財産をどのように分けるかは基本的には親の自由であり、遺言書によって、誰に何を与えるかをきちんと明記しておけば、その意思が優先されるのです。

遺産分割の基本は、「**子どもたちに不平等感を与えないこと**」。これに尽きます。子どもたち全員が、自分は親から尊重されている、大切に思われている、と考えることができれば、相続でもめるようなことにはなりません。

130

7 どのように遺産分割するか書き出してみよう

以上のことを踏まえて、あなたの財産をどのように分けるか、考えていきましょう。

相続財産メモを見ながら、誰に、何を与えるのが一番良いのか考えましょう。

遺産分割の基本は、

① どれだけの財産があるのかを把握し（21ページの相続財産メモ参照）、
② 誰にどれだけ残すのかを考える

ということです。

その際には、作成した図や表を参考にして、① **本来の相続人は誰か**、② **本来の法定相続分を修正する必要があるか**、③ **遺留分を侵害していないか**、④ **生前贈与を考慮しているか**、⑤ **自分に貢献してくれた人のことを考慮しているか**、⑥ **特定の誰かにあげるべき財産はないか**などを検討してみましょう。

8 みんな平等でも、それぞれの子どもが得をしたと思える財産の分け方とは？

今、本書を読んでくださっている人の中で、自分の遺産については相続人みんなで**法定相続分にしたがって分けてもらえればいいと思っているから、わざわざ自分の財産を把握して、誰に何をあげるといった遺言を書くつもりはない**、そう思っている人はいませんか？

しかし、これは**大きな間違い**です。

たとえ法定相続分にしたがって遺産を分けてもらう意向であったとしても、必ず、**遺言は書くべき**です。

なぜ、遺言を書くべきなのでしょうか。遺言を書かなくても、法定相続分にしたがって遺産を分けることになるのだから、いいじゃないかと思うかもしれません。

しかし、**遺言がない場合に、もめずに遺産を分けるということがどれだけ難しいことか**。

例えば、遺された遺産が、現金や預貯金といった等分しやすいものであればよいでしょう。

しかし、前に述べたように、土地や建物といった不動産しかなかった場合のようにきっちり分けることができず、とくに不動産の場合、売ってしまうのか、共有にするのか、単独所有にするのか、その不動産にそもそも住んでいた人は出て行かされるのかなど、非

132

第3章　財産の分け方を考えよう

常にもめる原因となるのです。

そんなにもめるのなら、さっさと売って現金に換えてしまえばいいじゃないか、と考える方がいらっしゃるかもしれません。

しかし、相続人全員が不動産を売ることに賛成するとは限りませんし、また、いつ売るかということでもめる場合もあります。

私が経験した相続争いで、不動産をめぐって子どもたちが大いにもめた事案があります。

母親が亡くなり、預貯金はほとんどなく、それまで母親と二女が住んでいた2000万円相当のマンションだけが残りました。

相続人は、長女と二女の二人。遺言はありません。

もともと姉妹はとても仲が良かったので、母親も相続でもめるとは思っていなかったでしょう。しかし、この姉妹が唯一の遺産であるマンションを取り合って、凄まじい相続争いを繰り広げたのです。

二女は、母親とずっと一緒に暮らしてきた思い出のマンションを売る気はなく、マンションをそのまま引き継ぎ、代わりにマンションの価値の半分相当の1000万円を分割で長女に支払うと言いました。

一方の長女は、二女がそのままマンションで暮らすのを好ましく思っておらず、また、マンションは2000万円より高く売れると考えており、マンションを売った代金を半分ずつに分

133

けたいと言い、双方一歩も譲らず、結局家庭裁判所での遺産分割調停までもつれこみました。

結局、調停が長引く中で、マンションの価値は売っても２０００万円を割り込む可能性が高いという状態になり、しぶしぶ長女が二女の提案を受け入れました。姉妹は、このもめごとのせいで、今では口もきかない仲になってしまっています。

このケースでは、**遺言さえあって、姉妹にどのような形でマンションを残すのか、その理由は何なのかをきちんと書いておけば、このようなことにはならなかった**と思います。

例えば、「二女に２０００万円のマンションを相続させ、二女は長女に代償金として１０００万円を支払う」とし、その理由をきちんと書いておくのです。

「自分と一緒に住み、足腰の弱くなった自分の世話を最後までしてくれた二女にはとても感謝している。思い出のあるマンションにこのまま二女に住み続けてほしい。そして、結婚して持ち家のある長女は、独身の二女のためにもマンションを二女に与えることを納得してほしい。

ただし、長女も大切な私の娘であり、マンションの価値の半分である１０００万円を、二女が長女に支払うことで、実質的に平等となるようにしたい。もっとも、二女は現時点では資力がないことから、分割での支払いを許してあげてください」といった内容です。

このような遺言があれば、姉妹は納得せざるを得ませんし、争う余地もありません。争う余地があるから、人は欲望のままに動いてしまい、大いにもめることになるのです。

人は納得したいのです。

第3章　財産の分け方を考えよう

兄弟姉妹など近しい人であればあるほど、相手より損をしたくないと考えます。特に親からの愛情は、自分の方が多く受けたい、少なくとも平等に受けたいと願うものです。

まず、**自分の財産を把握し、どれを誰にあげるか、なぜ、その財産をその子どもに与えるのかを子ども全員にわかるように、遺言できちんと書いておくこと**が必要です。

そして、その内容が、ある程度説得力があり、争う余地のないものであれば、たとえその内容に少々不満があっても相続争いにまではなりません。

例えば、最後まで介護をしてくれた長女に多く財産を残しても、その労に報いるために多く財産を与えたことが遺言で明記されていれば、他の子どもたちも文句は言わないはずです。

また、多額の留学費用を長女には出してあげたので、他の何ももらわなかった子どもたちにはその分多く財産を残すことにしたと遺言で書いてあれば、長女も納得できるはずです。

このように、**子どもたち全員が自分は尊重されているんだ、と思える適正な遺産分割を遺言によって実現**しましょう。

第4章 さあ、遺言書を作ろう

1 なぜ、遺言が必要なのか？

「遺言なんて、お金持ちだけが書くもの」

そのように考えて、遺言書を作らない人は数多くいます。

そして、多くの人が、事前に遺産分割の問題をきちんと考えず、結果として遺産分割争いが生じてしまうのです。

しかし、**遺言を書く**という作業は、あなたの想いを伝える最後の手段でもあります。遺言書は、**家族を守る最後のラブレター**なのです。

遺言書を作るのは死ぬ直前の人間のすることで、縁起が悪いと考えている人もいます。たしかに、子どもから親に「遺言を書いて」とは言いづらいものです。

そして、遺言を書くとなると、**自分の「死」**というものを否応なしに向き合うことになり、人生の終末を意識することになります。自分が死んだ後のことを考えざるを得なくなります。

しかし、人はいつか死ぬものです。その「死」から目を背けて、遺される人たちに争いを生じさせては元も子もありません。

自分が築き上げてきた**家族が傷つけ合う**ことを望む人はいないと思います。

第4章　さあ、遺言書を作ろう

そして、遺言書を作ることは、

① **自分の人生を振り返り、**
② **整理すること**

でもあるので、この作業を通じてひとつの区切りとなり、新たに何か見えてくるものもあるはずです。

遺言書を作ったことが「**悔いのないように生きたいと思うようになった**」とか、「**今後の人生をもっと良いものにしたいと考えるようになった**」という声はよく聞きます。

そして、きちんとした遺言書を書くとなると、自分の財産がどのくらいあるか、評価としてはどれくらいになるかを調べる必要が出てきます。

たしかに、法律や税金の知識なども必要になってきて、これらを調べる時間も手間もかかるし、難しそうな気がします。

しかし、今まで見てきたように、遺言書を書くために必要となる遺産分割の知識はそんなに難しいものではありませんし、準備もそんなに大変ではありません。

一方で、これらの手間を惜しんで、遺言書を書かなかったことで生じる相続争いがもたらす損失というものは計り知れないものがあります。

何度も繰り返すように、いったん相続が始まってしまうと、ほんのささいなことから大いにもめて、口もきかないような仲になってしまいます。

139

どんなに仲の良い家族であっても、遺産分割の場面では争いが生じる可能性があります。親族が相続争いをきっかけに、憎み合うという悲惨な結末にならないようにするためには、遺産分割について事前にしっかりと考え、**遺言を書いておくこと**が何よりも重要です。そうすることで、ほとんどの遺産分割争いは防ぐことができます。

また、**遺言はあなたの想いを伝える最後の手段**でもあります。死んだ後では、想いをしっかりと伝えることはできません。遺言によって自分の意思をしっかりと伝えることで、**あなたの生きてきた証とその想いが相続人に引き継がれていくのです。**

手遅れにならない元気なうちに、自分にどのような相続財産があるのか、誰にどのような形で分け与えたいのか、しっかりと検討し、適切な遺言書を作りましょう。そうすることで、**ほとんどの相続争いを防ぐことができ、あなたの大切な親族が苦労し、傷つくことを避けることができる**のです。

140

2 遺言書はいつ作るべきか？

遺産分割の考え方もわかったし、遺言が必要なこともわかったけれども、まだ平均寿命まで何年もあるし、**遺言書は今すぐ作らなくてもいいのではないか**、などと思っていませんか。

では、**遺言書はいつ作るべきなのでしょうか**。

遺言書は、**できるだけ早くから作っておいた方がよい**と私は考えています。

法的に認められる遺言は、いったい何歳からすることができるのでしょうか。

この点、法律（民法961条）は、「15歳に達した者は、遺言をすることができる」としています。

よって、**15歳に達すれば誰でも遺言をすることができる**のです。

もっとも、法律（民法963条）は、「遺言者は、遺言をする時においてその能力を有しなければならない」とも規定し、法的効力のある遺言をするためには遺言能力が必要であるとしています。

遺言能力とは、いったい何なのでしょうか。

遺言とは、遺言者の意思を伝えるものです。

このため、有効な意思表示ができなくなった状態、すなわち、自分の行為の結果を判断でき

なくなった**認知症**のような状態で書いた遺言は、遺言と認めるべきではありません。

そこで、遺言が法的効力を有するためには、遺言者に、遺言書作成時に、自分の行為の結果を判断できるだけの精神的な能力がなければなりません。これを遺言能力といいます。

つまり、将来、もし認知症などで遺言能力がない状態になってしまえば、法的に有効な遺言書は作成できなくなってしまいます。

遺言によって、自分の考える遺産分割を実現することはできなくなるのです。

もちろん、認知症になってしまい、著しく事理弁識能力を欠く後見状態にあるとしても、一時的に判断能力が回復したときに、医師二人以上の立会いのもと、一定の方式に従うことで遺言することが法律で認められています。

しかしながら、被成年後見人の遺言手続きはかなり厳格で、この方式にしたがう遺言は極めてめずらしいといえます。

また、**遺言能力があやしくなった状態での遺言は、遺された相続人が争いを起こす火種になります**。

その遺言が自分にとって都合が悪い相続人は、

「こんな遺言を書くはずはない」

「物事がよくわからなくなったのにつけ込んで、無理やり書かせたに違いない」

とあらぬ疑いをかけることになりますし、そうでない相続人はこのようなことを言われて気

142

第4章　さあ、遺言書を作ろう

分が良いわけはありません。すぐさま、凄まじい相続争いへと発展します。遺言を書くのに、遅すぎることはあっても早すぎることはありません。

遺言書は、今すぐ作るべきです。

そして、**遺言は何度でも書き直すことができます。**

遺言を書き、しばらく時間が経って内容を変えたいと思えば、また、その時点で新しい遺言を書けばよいのです。一度書いたら、もう書き直せないなどということはありません。

遺言書は、死が間近に迫っておらず、まだ少し早いと思う健康な頃に作っておくのが一番良いのです。

遺言書は、ぜひ、元気なうちに作りましょう。

遺言を書くのは、今なのです。

3 遺言の種類（自筆証書遺言、公正証書遺言、秘密証書遺言）

遺言には、次の三つの種類があります。

① **自筆証書遺言**
② **公正証書遺言**
③ **秘密証書遺言**

この三つは、それぞれどう違うのでしょうか。
それぞれのメリット、デメリットを見ていきましょう。

① **自筆証書遺言**
自筆証書遺言は、遺言者が全文を自分で手書きし、署名、押印することによって作成する遺言書です。

紙と筆記用具と印鑑さえあれば、いつでもどこでも作成できるという点で、三つの方式の中で **一番簡単に作れる遺言書**でもあります。

しかし、自筆証書遺言には、その作成のしかたに、法律で定められた**厳格な要件**があります。

そのため、この**要件を欠くと無効**になってしまうという危険性があり、法律の専門家が関与せず、自分一人で自筆証書遺言を作成した場合、その記載内容が不明確であるとされ、その効果が認められないといったことがしばしば見受けられます。

また、自筆証書は保管のしかたが適切でないと**紛失**したり、保管場所が相続人に伝わっておらず**発見されないまま**ということもあります。

さらに、公正証書遺言のように厳格な保管方法によらないために、**遺言内容が誰かに改変される可能性**もゼロではありません。

また、自筆証書遺言は、相続開始後には、**家庭裁判所で検認手続きを経る必要**があります。

②公正証書遺言

公正証書遺言とは、公証人という専門家に遺言書の作成を依頼し、公証人が遺言者の口述を筆記し、遺言者と証人二人以上が内容を確認して、それぞれが署名押印するというものです。

作成した公正証書遺言は、公正証書として公証役場に保管されます。

公正証書遺言は、専門家である公証人が作成するので**無効とされることがほとんどない**ので、安心です。

また、作成された遺言書は公証役場に保管されるため、紛失の危険性や遺言内容が改変されることはありません。

145

もっとも、自筆証書遺言と違い、公正証書遺言の作成には**費用と手間がかかります**。作成手数料と証人二人以上の確保が必要だからです。作成手数料については、159ページで詳しく説明しています。

③ 秘密証書遺言

秘密証書遺言は、まず、遺言者が遺言書を作成し（遺言書は自筆である必要はなく、パソコンで作成してもよい）、これに自筆署名し、押印し、これを封筒に入れた後、遺言書に押したものと同じ印鑑を押して封印します。

この封筒を公証人と二人以上の証人の前に出して、遺言者は封筒の中身が自分の遺言書であることと、住所と氏名を申述します。公証人が、その封筒を提出した日付と遺言者の申述をその封筒に書いた後、遺言者と証人二人以上が署名押印します。

秘密証書遺言は、**遺言の存在は明確**にしつつも、その**内容については秘密にできる**というメリットがあります。

しかし、公正証書遺言の場合と同様、作成手続きが煩雑で、**手間と費用**がかかります。

また、遺言書は公証役場に保管されず、遺言者が自ら持ち帰ることになるため、自筆証書遺言と同じく**紛失の危険**があります。

また、相続開始後には、**家庭裁判所での検認手続き**が必要です。

146

4 自筆証書遺言を作ってみよう

自筆証書遺言は、**紙とペン**さえ用意すれば、誰でも簡単に作ることができます。自分一人で作ることができ、ほとんど費用もかかりませんので、まず、試しに自筆証書遺言を作ってみるとよいでしょう。

しかし、自筆証書遺言は、**作成するときに注意が必要**です。

自筆証書遺言は、簡単に作ることができるのですが、**法律で定められた厳格な要件があり、その要件を満たさなければ無効になってしまう**のです。

①作り方

では、法律で定められた要件を満たした自筆証書遺言は、どうやって作ればよいのでしょうか。

ア　遺言書の全文を自筆で書くこと

遺言は**全文を自筆**で書かなければなりません。

遺言の**本文**はもちろん、**日付**、**氏名**に至るまで、すべて**自筆**であることが要求されます。

本文とは別に財産目録を作成する場合には、財産目録も自筆でなければなりません。パソコンで作った遺言書や、他人が書いた遺言書は自筆とは言えないため、自筆証書遺言としての効力を有しないことになりますので、注意が必要です。

また、**共同で作成した遺言書もダメ**です。

例えば、仲の良い夫婦が連名で一つの遺言書を作ったとしても、残念ながら自筆証書遺言としての効力はありません。

夫と妻が、別々の遺言書を1通ずつ作る必要があるのです。

さらに、病気や年を取った人が、手が震えて自分一人ではきちんとした文字を書けないときに、第三者が手を添えて補助をして文字を書かせた場合には、遺言書が無効となる場合があります。

そのため、このような場合には自筆証書遺言ではなく、公正証書遺言を作ることをお勧めします。

このように、自筆証書遺言では、**すべてを自筆で書くということが必要**となります。

イ　日付を記載すること

自筆証書遺言には、**日付を記載**しなければなりません。

この日付とは、実際に遺言書を作成した日のことをいいます。

148

日付の書き方は、

「平成〇〇年〇月〇日」
「西暦〇〇〇〇年〇月〇日」

など、**明確に特定できるように書くことが必要**です。

　例えば、「平成〇〇年〇月吉日」という記載は、日付の特定ができないため、無効となります。

ウ　署名・押印をすること

　自筆証書遺言には、**遺言者が署名押印をしなければなりません。**

　署名押印する場所について特に制限はありませんが、通常は、遺言書の最後に、

「甲野太郎　㊞」

という形で署名押印をします。

　使用する印鑑ですが、必ずしも実印である必要はなく、認印でもよいとされています。拇印でも有効とされますが、本当に遺言者が押したものか見ただけでは判別ができず、争いの種になる可能性がありますので、お勧めはしません。

　また、遺言は今すぐ死んでしまわなければ、一定の期間保管することが前提となりますので、時間が経過しても消えてしまわない朱肉を選ぶようにしましょう。

②書き間違いがあった場合

頑張って遺言を書き上げてみたものの、落ち着いて後から見返してみると「書き間違えがあった！」という場合もあると思います。

そのような場合、どうしたらよいのでしょうか。

作成した自筆証書遺言に誤りがあり、訂正をしたいときには、遺言を一から書き直すのではなく、加除訂正する方法をとることができます。

もっとも法律では、自筆証書遺言を加除訂正する場合には厳格な方式を定めており、この方式にしたがっていない場合には遺言書自体が無効になってしまいますので、注意が必要です。

では、加除訂正はどのような方法によって行うのでしょうか。

① 削除、訂正したい部分を二重線で抹消し、
② 横書きならその上、縦書きなら右横に修正内容を自筆で書き、
③ その部分に署名押印の際と同一の印鑑を押し、
④ さらに余白に訂正した旨の記載（〇行中〇字削除〇字挿入など）をし、
⑤ その部分に署名する

とはいえ、加除訂正のやり方を間違ってしまうと、せっかく家族のことを考えて頭を悩ませて苦労して作った遺言書自体が無効になってしまいます。

自信がない場合には加除訂正の方法によらず、遺言書をもう一度作成し直した方が確実でしょう。

③自筆証書遺言を作ったら

どうでしょうか。自筆証書遺言は作れましたか。

法的効力のある遺言書が作成できて、ひと安心といったところでしょうか。

もちろん、自筆証書遺言はれっきとした法的効力のある遺言書です。

しかし、自筆証書遺言は、簡単に作ることができる一方で、形式に不備があり無効とされることも多く、また、紛失したり、保管場所が相続人に伝わっておらず発見されないままということもあります。

さらに、改変されやすいという難点もあります。考えたくないことですが、遺言書を発見した相続人が自分の都合の良いように筆跡をまねて書き替えるということは実際にもよくあります。

やはり、費用や手間はかかりますが、一番良いのは**公正証書遺言を作っておくこと**です。

そうすれば、方式を間違えて遺言が無効となるという事態を防ぐことができますし、また、遺言書の原本は公証役場に保管されることになるため、紛失のおそれもありません。さらに、偽造されることもありません。

ある程度、遺産分割の方針が変わることがない段階になったら、公正証書遺言を作ることを強くお勧めします。

なお、自筆証書遺言を作る場合の筆記用具について、ペンでなければならないのか、それとも鉛筆でもよいのかという質問をよく受けます。

ペンだと間違ってしまったら、鉛筆のように消すことができず、また、一から書き直さなければならないのは面倒だと思うからでしょう。

法律では、使用する筆記用具について制限はありませんので、ペンで書いても鉛筆で書いても、自筆証書遺言の効力に変わりはありません。

しかし、よく考えてみてください。

家族への最後のメッセージである遺言を書くのですから、鉛筆で下書きをした上で、ペンで書くくらいの心構えがあってよいはずです。

また、誰かに偽造されたりしないためにも簡単に消すことができないペンの方がよいでしょうし、保存の観点からも、鉛筆よりもペンのほうが劣化しにくいといえます。

また、ペンの中でも、時間が経過してもインクが薄れないタイプのものを選ぶとよいでしょう。

152

自筆証書遺言の例

> すべて自筆で書く

遺言書

1. 遺言者は、遺言者名義の次の預金債権を、長男〇〇（昭和〇年〇月〇日生）に相続させる。

　　〇〇銀行 〇〇支店
　　普通預金 口座番号 〇〇〇〇

2. 遺言者は、遺言者の有する次の不動産を、二男〇〇（昭和〇年〇月〇日生）に相続させる。

　[土地]
　　所在　東京都〇〇
　　地番　〇〇番〇
　　地目　宅地
　　地積　〇〇〇.〇〇m²

平成〇年〇月〇日
　東京都〇〇区〇〇 〇丁目〇番〇号
　　遺言者 甲野花子　㊞

> 作成した日付を必ず書く。「吉日」などは不可。

> 署名・押印をする

5 公正証書遺言を作ってみよう

では、**公正証書遺言**は、どのような手順で作ればよいのでしょうか。

①公証役場を決める

公正証書遺言は、公証人という専門家に遺言書の作成を依頼し、原則として、公証役場で、遺言者と証人二人以上が遺言の内容を確認して、それぞれが署名押印することによって作成します。

まず、どこの公証役場に作成を依頼するかを決める必要があります。公正証書遺言は、全国にある公証役場のうち、どこでも自分の好きなところで作成することができ、自由に選ぶことができます。

公証人には、裁判官や検察官、弁護士などを長年経験した法律知識の豊富な人がなることになっています。

公証役場は、全国に約300か所あります。

154

第4章　さあ、遺言書を作ろう

おもな公証役場

都道府県	公証役場名	郵便番号	住所	電話番号
東　京	霞ヶ関	100-0011	千代田区内幸町2-2-2　富国生命ビル地下1階	03-3502-0745
神奈川	博物館前本町	231-0005	横浜市中区本町6丁目52番地　本町アンバービル5階	045-212-2033
埼　玉	浦和	330-0063	さいたま市浦和区高砂3-7-2　タニグチビル3階	048-831-1951
千　葉	千葉中央	260-0013	千葉市中央区中央4-15-3　読売千葉ビル4階・5階	043-224-1408
茨　城	水戸合同	310-0801	水戸市桜川1-5-15　都市ビル6階	029-221-8758
栃　木	宇都宮	320-0811	宇都宮市大通り4-1-18　宇都宮大同生命ビル7階	028-624-1100
群　馬	前橋合同	371-0023	前橋市本町1-3-6	027-223-8277
静　岡	静岡合同	420-0853	静岡市葵区追手町2-12　安藤ビル3階	054-252-8988
山　梨	甲府	400-0024	甲府市北口1-3-1	055-252-7752
長　野	長野合同	380-0872	長野市大字南長野妻科437-7　長野法律ビル2階	026-234-8585
新　潟	新潟合同	950-0917	新潟市中央区天神1-1　プラーカ3棟6階	025-240-2610
大　阪	梅田	530-0012	大阪市北区芝田2-7-18　オーエックス梅田ビル新館3階	06-6376-4335
京　都	京都合同	604-8187	京都市中京区東洞院通御池下る笹屋町436-2　シカタディスビル5階	075-231-4338
奈　良	奈良合同	630-8253	奈良市内侍原町6　奈良県林業会館3階	0742-22-2966
滋　賀	大津	520-0043	大津市中央3-2-1　セザール大津森田ビル3階	077-523-1728
和歌山	和歌山合同	640-8157	和歌山市八番丁11　日本生命和歌山八番丁ビル3階	073-422-3376
兵　庫	神戸	650-0037	神戸市中央区明石町44番地　神戸御幸ビル5階	078-391-1180
愛　知	葵町	461-0002	名古屋市東区代官町35-16　第一富士ビル3階	052-931-0353
三　重	津合同	514-0036	津市丸之内養正町7-3　山田ビル	059-228-9373
岐　阜	岐阜合同	500-8856	岐阜市橋本町1-10-1　アクティブG2階	058-263-6582
福　井	福井合同	910-0023	福井市順化1-24-43　ストークビル9階	0776-22-1584
石　川	金沢合同	920-0855	金沢市武蔵町6-1　レジデンス第2武蔵1階	076-263-4355
富　山	富山合同	930-0094	富山市安住町2-14　北日本スクエア北館8階	076-442-2700
広　島	広島合同	730-0037	広島市中区中町7-41　三栄ビル9階	082-247-7277
山　口	山口	753-0045	山口市黄金町3-5	083-925-0035
岡　山	岡山公証センター	700-0815	岡山市北区野田屋町1-7-17　千代田生命岡山ビル4階	086-223-9348
鳥　取	鳥取合同	680-0022	鳥取市西町1-201　ミタニ西町ビル4階	0857-24-3030
島　根	松江	690-0886	松江市母衣町95　古田ビル2階	0852-21-6309
福　岡	福岡	810-0073	福岡市中央区舞鶴3-7-13　大禅ビル2階	092-741-0310
佐　賀	佐賀合同	840-0801	佐賀市駅前中央1-5-10　朝日生命駅前ビル7階	0952-22-4387
長　崎	長崎合同	850-0033	長崎市万才町7-1　住友生命長崎ビル8階	095-821-3744
大　分	大分合同	870-0045	大分市城崎町2-1-9　城崎MKビル2階	097-535-0888
熊　本	熊本合同	862-0976	熊本市中央区九品寺2-1-24　熊本九品寺ビル3階	096-364-2700
鹿児島	鹿児島合同	892-0816	鹿児島市山下町17-12　平正ビル	099-222-2817
宮　崎	宮崎合同	880-0802	宮崎市別府町2-5　コスモ別府ビル2階	0985-28-3038
沖　縄	那覇公証センター	902-0067	那覇市字安里176-4　マリッサヒルズ3階	098-862-3161
宮　城	仙台合同	980-0802	仙台市青葉区二日町17-1　武山興産第二ビル2階	022-222-8105
福　島	福島合同	960-8043	福島市中町5-18　福島県林業会館1階	024-521-2557
山　形	山形	990-0038	山形市幸町18-20　JA山形市本店ビル3階	023-625-1693
岩　手	盛岡合同	020-0022	盛岡市大通3-2-8　岩手県金属工業会館3階	019-651-5828
秋　田	秋田合同	010-0921	秋田市大町3-5-8　秋田ニコスビル3階	018-864-0850
青　森	青森合同	030-0861	青森市長島1-3-17　阿保806ビル4階	017-776-8273
北海道	札幌大通	060-0042	札幌市中央区大通西4-1　道銀ビル10階	011-241-4267
香　川	高松	760-0050	高松市亀井町2番地1　朝日生命高松ビル7階	087-813-3536
徳　島	徳島	770-0841	徳島市八百屋町1-5-8　サンコーポ徳島ビル7階	088-625-6575
高　知	高知合同	780-0870	高知市本町1-1-3　朝日生命高知本町ビル3階	088-823-8601
愛　媛	松山合同	790-0002	松山市二番町1-11-5　公証ビル2階	089-941-3871

※その他の公証役場については、日本公証人連合会のホームページ
（http://www.koshonin.gr.jp/index2.html）をご参照ください。

② **相続財産と遺産分割の内容を固める**

次に、相続財産メモと、どのように遺産分割するのかを書き出したメモを用意します。この内容を公証人に伝えることになります。

③ **必要な書類を準備する**

公正証書遺言を作成する際には、原則として、次の書類が必要となります。

・遺言者と相続人との続柄がわかる戸籍謄本
・遺言で財産を相続人以外の人に遺贈する場合には、その者の住民票
・遺言者本人の印鑑登録証明書（3か月以内に発行されたもの）
・遺贈しまたは相続させる財産が
　ア　不動産の場合……土地・建物の登記事項全部証明書および固定資産評価証明書（3か月以内に発行されたもの）
　イ　不動産以外の財産の場合……財産を記載したメモ

④ **証人二人を見つける**

公正証書遺言を作成するには、二人以上の証人が必要となります。

このため、公正証書遺言の作成に立ち会い、公正証書遺言に署名・押印をしてくれる証人を

156

見つけておく必要があります。

ただし、次のような人は証人になることができません。

ア　未成年者
イ　遺言書の内容が読めない人や理解できない人、自ら署名できない人
ウ　将来相続人になる人や遺言によって遺贈を受ける人（推定相続人、受遺者）
エ　推定相続人または受遺者の配偶者、直系血族
オ　公証人の配偶者や4親等内の親族、公証役場の書記官や職員

適当な証人を見つけることができない場合には、公証役場に依頼して、証人を紹介してもらうこともできます。しかし、その際にはその証人に日当を支払う必要があります。

⑤ 公証人と打ち合わせをする

公証役場に行けば、公正証書遺言がいきなりその日にでき上がるというものではなく、遺言内容や必要書類の確認など、公証人との事前の打ち合わせが必要となります。

そこで、まず、①で決めた公証役場に電話をかけ、公正証書遺言を作成したい旨を伝えます。

そうすると、公証人もしくは職員の人が丁寧に、これからの手順を教えてくれます。

そして、すべての準備が整えば、公証人と日程を調整して、公証役場に出向いて公正証書遺言を作成します。

⑥公正証書遺言を作成する

公正証書遺言作成の当日には、公証役場において、事前の打ち合わせに基づいて、あらかじめ書面にしておいた遺言の内容を公証人が読み上げ、遺言者と証人二人以上が内容を確認して、それぞれが公正証書遺言の原本に署名押印します。

遺言者の印鑑は、印鑑証明書の印鑑と同一の実印である必要があります。

もっとも、証人の印鑑は実印である必要はありませんが、念のため、免許証等で本人確認を行うことが多いです。

⑦公正証書の保管

公正証書遺言については、原本、正本、謄本が作成されます。

原本は公証役場で保管され、正本と謄本が遺言者に渡されます。正本は遺言者本人が保管し、謄本はその他の相続人や証人などに渡しておくということがよくあります。

万が一、遺言者が正本を紛失してしまった場合には、本人が印鑑証明書、実印、免許証などの身分証明書を持参して公証役場へ行けば、再発行してくれます。

また、全国の公証役場でオンライン検索ができますので、被相続人が公正証書遺言を作成していたか知りたい場合には、最寄りの公証役場で調べてもらうことができます。

158

第4章　さあ、遺言書を作ろう

遺言公正証書作成手数料一覧表

目的の価額	手数料
100万円以下	5000円
100万円を超え200万円以下	7000円
200万円を超え500万円以下	1万1000円
500万円を超え1000万円以下	1万7000円
1000万円を超え3000万円以下	2万3000円
3000万円を超え5000万円以下	2万9000円
5000万円を超え1億円以下	4万3000円
1億円を超え3億円以下	4万3000円に5000万円までごとに1万3000円を加算
3億円を超え10億円以下	9万5000円に5000万円までごとに1万1000円を加算
10億円を超える場合	24万9000円に5000万円までごとに8000円を加算

※遺言により相続させ、または遺贈する財産の価額を目的価額として計算

〈遺言公正証書の作成手数料の計算のしかた〉

　遺言は、相続人・受遺者ごとに別個の法律行為になるため、各相続人・各受遺者ごとに、相続させ、または遺贈する財産の価額により目的価額を算出し、それぞれの手数料を算定することになります。よって、各相続人・各受遺者の手数料の合計額が遺言公正証書の作成手数料の額となります。

　例えば、総額1億円の財産を妻のみに相続させる場合の作成手数料の計算のしかたは、「5000万円を超え1億円以下」の欄を見て、これに相応する「4万3000円」となりますが（ただし、後述する遺言加算がある）、妻に6000万円、長女に4000万円の財産を相続させる場合には、妻の作成手数料は「5000万円を超え1億円以下」の欄に相応する「4万3000円」、長女の作成手数料は「3000万円を超え5000万円以下」の欄に相応する「2万9000円」となり、これらを合計した「7万2000円」が作成手数料となるのです。しかし、ここで注意が必要なのが、1通の遺言公正証書における目的価額の合計額が1億円までの場合は、「1万1000円」が加算されてしまうので、「7万2000円」に「1万1000円」を加算した「8万3000円」が最終的な作成手数料となります（手数料令19条が遺言加算という特別の手数料を定めているため）。

6 遺言書は、想いが変われば何度でも書き直すことができる

遺言書は、一度書いたら、もう書き直せないのでしょうか。想いが変わればその都度、**遺言書は何度でも書き直すことができます**。

そんなことはありません。想いが変わればその都度、**遺言書は何度でも書き直すことができます**。

「老後は長男夫婦が一緒に住んでくれると思って自宅を与えるつもりだったが、いっこうにその気配はなく、反対に独身の二男が一緒に住んで面倒を見てくれると言っているので、二男に自宅を相続させることにする」

「放蕩息子だった長男だが、最近は他の兄弟と違って、頻繁に顔を出してくれるし仕送りもしてくれる。子どもたちには平等に財産を分けるつもりだったが、長男には多めに与えるようにしたい」

など、いったん遺言を書いた後でも事情は変わっていくものです。

では、**遺言の内容を変更したいときには、どうしたらよいのでしょうか**。簡単です。また、**新たに遺言書を作成すればよい**のです。

前に作成した遺言書は破棄しても、そのままでも構いません。

第4章　さあ、遺言書を作ろう

もっとも、遺言書が複数あると紛らわしいので、破棄してしまったほうが無難です。

法律（民法1022条）は、「**遺言者は、いつでも、遺言の方式に従って、その遺言の全部または一部を撤回することができる**」と規定し、さらに、「**前の遺言が後の遺言と抵触するときは、その抵触する部分については、後の遺言で前の遺言を撤回したものとみなす**」（同1023条1項）としています。

つまり、新しく遺言書を作成することで、前に作成していた遺言書の内容のうち新しく作成した遺言書と抵触する部分は撤回したことになり、新しい遺言書が有効となるのです。

このように、**想いが変われば遺言書はいつでも書き直すことができる**ので、気軽に書いてみることをお勧めします。

では、遺言書の中で相続人の誰かに与えることにしていた財産があったとして、この財産を処分する必要性が出てきた場合にはどうしたらよいのでしょうか。

考えが変わってその財産を処分したくなった場合に、必ず、その財産を除いた遺産分割を定めた遺言書を新しく作らなければならないのでしょうか。

そんなことはありません。

遺言書を作成した後であっても、そこに書き入れていた財産を処分することは可能であり、ただ、その部分の遺言書の内容が撤回されたとみなされるのです。ですから、必ずしも新しく遺言を作り直す必要はないのです。

もっとも、その財産を与えられることになっていた相続人は、もらえる財産が減ってしまったことを遺言で知ってしまうわけですから、不満に思う可能性があります。

また、考えていた遺産分割のバランスが変わってしまっている可能性もあります。

このため、改めて、誰に何を与えるかという遺産分割を再考し、処分した財産を除いた遺産分割の内容を記した新しい遺言書を作成することをお勧めします。

7 遺言書を作成するときに注意したいこと

遺言書は、あなたの思いを伝えるための大切な手段です。あなたの財産を誰に与えたいかを伝えると同時に、あなたが今まで生きてきて何を大切に思い、何に感謝しているかを伝えることができるものでもあります。

あなたが遺言書を作成しようと思ったきっかけは何でしょうか。

あなたが亡くなった後も、家族が仲良く平穏で暮らしてほしいという想いからではないでしょうか。

そうであるならば、遺言を書くときに注意したい点があります。

①遺留分を侵害しない遺言書を作成すること

第2章のケース⑦で説明したとおり、法律では、相続人の間の公平を守るという見地から、遺留分という遺言によっても奪うことができない相続割合があります。

例えば、あなた（配偶者はすでに死亡）が、二人いる子どものうちの一人にすべての財産を譲るという遺言を残した場合には、もう一人の子どもには4分の1の遺留分があり、遺言に不

163

満があれば、全財産を取得した子どもに対して遺留分減殺請求をすることでしょう。

遺留分減殺請求は、正直あまり気持ちの良いものではありません。遺留分減殺請求をする側は遺言の内容に納得がいかず、遺言者に不満を抱いたからこそ請求をするのであって、そこには遺言者に対しても、全財産を譲り受けた子どもに対してもわだかまりが生じていることを意味します。

一方、遺留分減殺請求された側も、遺留分は法律上認められた権利とはいえ、遺言者の意思を尊重せず、自分の利益を優先したという相手方に対するわだかまりが生じます。

このようにして、**お互いに不和が生じてしまうことが多い**のです。

このため、遺言者としては、**遺留分を侵害しない形で、遺言を書くことが望ましい**といえます。もっとも、どうしても遺留分を侵害する財産の分け方をせざるを得ない場合には、前もってきちんと家族で話し合っておくことが必要です。そして、可能であれば、**相続開始前に、家庭裁判所の許可を得て、あらかじめ遺留分を放棄してもらっておく**のがよいでしょう。

② 特別受益について遺言の中で書いておく

あなたが、生前に相続人の中の誰かに特別に財産を与えていた場合には、その贈与分については、相続割合を算出する際に持ち戻して計算する必要が生じてきます。

つまり、このような**特別受益にあたるような贈与がなかったかどうか**注意する必要がありま

164

す。もっとも、特別受益については、遺言によって「遺言者が生前に○○に贈与した住宅購入資金は共同相続人の相続分の算定にあたっては持ち戻しを免除する」という意思を表示すれば、持ち戻して計算する必要はなくなります。

相続財産をどのように分配するかを考えるにあたっては、生前贈与するに至った目的と金額の多寡を踏まえて、持ち戻し免除をしても相続人間の公平を欠かないか、他の相続人が納得してくれるかを考えて、慎重に決める必要があります。

③寄与分について遺言の中で書いておく

相続人の中に、あなたの財産の維持または増加に特別に協力してくれた人はいませんか。

遺言によって、**あなたのために尽力してくれた人**にこれまでの功績を財産に換算して、寄与分という形で、他の相続人よりも多く財産を与えるということが考えられます。

この場合には、他の相続人から疑問が出ないように、**遺言の付言事項で寄与の態様や財産の維持増加について具体的に書いておくことをお勧めします。**

④自分が損をしたと感じさせない遺言書を作成すること

遺言書を書くにあたって一番注意したいことは、**相続人の誰もが自分だけが損をしている**と感じないような遺言書を作成することです。

そのためには、相続財産をどう分けるかを考えることも重要ですが、それよりも、なぜそのように財産を分ける必要があったのかの理由をきちんと書いて、相続人が納得できるようにすることです。

例えば、小さな商店を営んでいる親の家業を長男が継ぐことになっているとします。そうであれば、必然的に長男が相続する財産が多くなりそうです。

しかし、この点について、他の子どもたちが損をしたと感じさせないために、親がきちんと遺言を書いて、「商店を継続するために土地建物は長男に譲らざるを得ないが、商店の経営に必要な最低限の預貯金以外は、他の子どもたちに渡せるように頑張ってきた。他の子どもたちはそれで我慢してほしい。商店を継ぐために長男にはずいぶんと苦労をしてもらっていた」などと書き残していればどうでしょう。

自分だけが損をしていると感じるでしょうか。

相続人の誰もが自分だけが損をしていると感じないような遺言書を作成することは、非常に難しいことのように思えますが、このことを中心に置き、真剣に考えながら遺言を書くのと書かないのでは大きな違いが生まれます。

166

8 遺言書の内容を実現してくれる遺言執行者の指定

遺言書に書かれた内容は、遺言者の死亡後、相続が開始したからといって自動的に実現されるわけではありません。誰かが、現実に行動に移さなければなりません。

遺言の執行は相続人全員が協力して行うことが必要となりますが、相続人の間の関係がよくないなど、遺言の執行に困難が予想される場合には、**遺言執行者**を遺言書で指定しておくことをお勧めします。

遺言執行者とは、**遺言の執行に必要な一切の行為をする権利義務を有し、遺言書の内容を責任をもって実現してくれる人**のことをいいます。

相続人が何人もいて、相続財産も数多くあるような場合には、それぞれの財産の処分のたびに相続人全員が書類に署名押印したり、立ち会ったりするのは非常に面倒です。

この点、遺言執行者がいれば、相続人全員で遺言執行のための手続きを行わなくても、遺言執行者が相続人を代理してやってくれます。**遺言執行者がいることで、スムーズに、そして、確実に遺言内容を実現することができる**といえます。

遺言執行者には、相続人もなることができます。

しかし、相続人が遺言執行者に指定された場合には、不公平感から相続人の間でもめてしまうことがあり、他の相続人からクレームがつき、家庭裁判所に遺言執行者の解任請求がなされることがあります。

そこで、遺言執行者には、弁護士など、利害関係のない第三者を指定することを強くお勧めします。

遺言執行者を弁護士に依頼するとき、気になるのがその報酬ですが、

① 300万円以下の部分‥20万円
② 300万円を超え、3000万円以下の部分‥1％
③ 3000万円を超え、3億円以下の部分‥0・3％
④ 3億円を超える部分‥0・1％

と定めている法律事務所が多いようです。

ただし、弁護士事務所ごとに報酬規定があり、報酬額が異なりますので、依頼するときにちんと確認するとよいでしょう。

「お金をかけてまで遺言執行者を頼まなくても大丈夫だろう」と思うかもしれませんが、せっかく書いた遺言内容が実現されなければ元も子もありません。

案外、遺言執行の段階でもめて、先に進まないということも多いのです。

第4章　さあ、遺言書を作ろう

では、遺言執行者を定めるにはどうしたらよいのでしょうか。

遺言執行者は、遺言の中で指定しておくことができます。

これが一番簡単な方法といえるでしょう。

もし、遺言で遺言執行者が指定されていなかった場合でも、遺言者の死亡後に相続人等の利害関係人が、家庭裁判所に遺言執行者を選任します。

もっとも、遺言できちんと遺言執行者を指定しておけば、わざわざ家庭裁判所に遺言執行者選任の申立てをする煩わしさもありません。

遺言書での遺言執行者を指定するための書き方は、次ページの例を参考にしてください。

遺言執行者を指定する場合の書き方

第○条　遺言者は、本遺言の遺言執行者として次の者を指定する。

　　　　事務所　東京都○○区○○○　○丁目○番○号
　　　　　　　　○○法曹ビル○号室
　　　　住　所　東京都○○市○○○　○丁目○番○号
　　　　職　業　弁護士
　　　　氏　名　○○　○○○
　　　　　　　　昭和○年○月○日生

第○条　遺言者は、遺言執行者に対し、遺産である預貯金についてそれぞれの預け先の金融機関より遺言者名義の預貯金の払い戻しを受ける権限、貸金庫契約中の金融機関に貸金庫の開扉を要求し、在中物について引き渡しを受ける権限及び遺言執行者がその業務遂行に関して必要と認めたときに第三者にその任務を行わせる権限その他遺言執行に必要な一切の権限を付与する。

第○条　遺言執行に関する費用は、遺言者の預貯金から支弁する。

第○条　遺言執行者に対する遺言執行報酬は、弁護士報酬基準に従い支払いをするものとする。
　（1）基本
　　　　①３００万円以下の部分：２０万円
　　　　②３００万円を超え、３０００万円以下の部分：１％
　　　　③３０００万円を超え、３億円以下の部分：０．３％
　　　　④３億円を超える部分：０．１％
　（2）特に複雑または特殊な事情がある場合
　　　　弁護士と依頼者との協議により定める額
　（3）遺言執行に裁判手続きを要する場合
　　　　遺言執行者は、遺言執行手数料とは別に、裁判手続きに要する報酬を請求できる。

9 遺言書の作成と同時にやっておきたいこと

遺言書の作成と同時に、ぜひともやっておきたいことがあります。

それは、

エンディングノートの作成
スターティングノートの作成

の二つです。

遺言書は、基本的にはあなたの死後、あなたの財産をどうしたいかをメインに書くものであって、あなたの想いを伝えるための付言事項は、それほど長々と書くことは想定されていません。生きているときには照れくさくて言葉にできなかったけれど、これだけは伝えておきたいということが。しかし、あなたには、もっと伝えたいことがあるのではないでしょうか。あるいは、**自分がどのような人生を送ってきたかを知ってほしい、伝えたいという想い**はありませんか。

あなたが**自分の人生を振り返り、生きてきた証を残すには、エンディングノート**がとても有効です。

171

現在、エンディングノートはさまざまな形式のものが市販されていますから、書店に行ってみて手に取ってみるのもよいかもしれません。

エンディングノートは、あなたが今までどのような人生を送ってきたか、好きなものや大切にしているもの、友達や家族のこと、身の回りのこと、大切な思い出など、あなたに関するあらゆることを書き記していく形式になっています。

そして、あなたが「死」という最後のときを迎えるにあたっての、延命措置をするかなどの希望や、死後のお葬式をどのようにしたいか、あなたの財産はどのようなものがあってどこにしまってあるか、それをどう分けてほしいかなども、書くことができるものもあります。

もっとも、**エンディングノートは、法的に効力のある遺言とは異なります**ので、**エンディングノートに財産の分け方を記していても、それに従うかどうかは相続人次第**ということになってしまいます。

よって、余計なもめごとを増やさないためにも、**遺言書をきちんと作った**上で、思いを伝える手段としてエンディングノートを活用しましょう。

本書の巻末に簡単なエンディングノートの雛形をつけましたので、これに書き込んでもよいでしょう。

そして、「人生の終わり」を意識してエンディングノートを書いた後には、ぜひ、スターティングノートを作ってください。

172

第4章　さあ、遺言書を作ろう

スターティングノートというのは、あまり聞きなれない言葉かもしれません。

スターティングノートとは、**あなたのこれからのことを綴っていくノート**です。

遺言書やエンディングノートを書いたからといって、あなたの人生はこれで終わりではありません。

人生の終わりが来ることを考え、遺言書やエンディングノートまで作ったあなただからこそ、**これからの人生をどう生きていくかについて深く考えることができ、残りの人生をよりよいものにすることができるはず**です。

スターティングノートを作ることで、今後の生き方や目的がはっきりとすることでしょう。

本書の巻末に簡単なスターティングノートの雛形をつけていますので、ぜひ書き込んでみてください。

第5章

事例別文例 遺言書はこう書く！

法定相続分にしたがったスタンダードな遺言書

遺 言 書

第1条　遺言者は、遺言者の有する預貯金その他一切の財産を、次の3名にそれぞれ3分の1の割合で相続させる。
　（1）　長男〇〇〇〇〇（昭和〇年〇月〇日生）
　（2）　二男〇〇〇〇〇（昭和〇年〇月〇日生）
　（3）　三男〇〇〇〇〇（昭和〇年〇月〇日生）

第2条　遺言者は、本遺言の遺言執行者として次の者を指定する。

　　　　事務所　東京都港区〇〇〇　〇丁目〇番〇号
　　　　〇〇〇法曹ビル〇号室
　　　　住　所　東京都〇〇市〇〇　〇丁目〇番〇号
　　　　職　業　弁護士
　　　　氏　名　〇〇　〇〇〇
　　　　昭和〇年〇月〇日生

第3条　遺言者は、遺言執行者に対し、遺産である預貯金についてそれぞれの預け先の金融機関より遺言者名義の預貯金の払い戻しを受ける権限、貸金庫契約中の金融機関に貸金庫の開扉を要求し、在中物について引き渡しを受ける権限及び遺言執行者がその業務遂行に関して必要と認めたときに第三者にその任務を行わせる権限その他遺言執行に必要な一切の権限を付与する。

第4条　遺言執行に関する費用は、遺言者の預貯金から支弁する。遺言執行者に対する遺言執行報酬は、弁護士報酬基準に従い支払いをするものとする。

＜付言事項＞
　遺言者は、次のことを付言しておきたい。3人の子どもに恵まれ、賑やかな家庭を築けたことを幸せに思う。3人とも健やかに育ち、私の自慢の息子たちである。3人には今まで平等に愛情を注いできたつもりである。遺産についても偏りのないよう平等に分けることとしたい。私が死んだあとも3人で仲良くしてほしい。相続人らは、この遺言の趣旨をよく理解して、遺言者の意思を尊重し、くれぐれも無用な紛争を起こさないことをお願いする。

第5章　事例別文例　遺言書はこう書く！

同居している二女に自宅を与えたい場合の遺言書

遺　言　書

第1条　遺言者は、遺言者が所有する次の不動産を、二女〇〇〇〇〇（昭和〇年〇月〇日生）に相続させる。

【土地】
　所在　　東京都〇〇〇
　地番　　〇〇〇番〇
　地目　　宅　地
　地積　　〇〇〇．〇〇㎡
【建物】
　所在　東京都〇〇〇　〇〇〇番地〇
　家屋番号　１１１１番１
　種類　居宅
　構造　木造亜鉛メッキ鋼板葺平家建
　床面積　〇〇．〇〇㎡

第2条　遺言者は、第1条に記載する不動産を除くその余の財産全部（公租公課、葬儀費その他一切の債務を含む）を、次の2名にそれぞれ2分の1の割合で相続させる。
　（1）長男〇〇〇〇〇（昭和〇年〇月〇日生）
　（2）長女〇〇〇〇〇（昭和〇年〇月〇日生）

（省略）

＜付言事項＞
　遺言者は、次のことを付言しておきたい。長男〇〇と長女〇〇は配偶者と子どもに恵まれ幸せな家庭を築き、住居も購入している。一方、二女〇〇は未だに独り身であり、実家から追い出されれば住むところを失う。よって、自宅については二女〇〇に与えることが一番良いと考えた。最後まで、私と同居し、私の生活の面倒をよく見てくれた二女〇〇の労に報いたい。その他の財産については、長男〇〇と長女〇〇に与えることとするので、二女〇〇に自宅を与えることを理解してほしい。この遺言の趣旨をよく理解して、遺言者の意思を尊重し、くれぐれも無用な紛争を起こさないことをお願いする。

家業を無償で手伝った長男に財産を多く与えたい場合の遺言書

遺 言 書

第1条 遺言者は、遺言者名義の次の預金債権を長男○○（昭和○年○月○日生）に相続させる。

　　○○銀行　○○支店　普通預金　　口座番号　１２３４５６７

第2条 遺言者は、遺言者名義の次の預金債権を二男○○（昭和○年○月○日生）に2分の1、三男○○（昭和○年○月○日生）に2分の1の割合で相続させる。

　　○○銀行　○○支店　普通預金　　口座番号　１２３４５６７

（省略）

＜付言事項＞
　遺言者は、次のことを付言しておきたい。私が体調を崩して、以前のように思うように身体が動かなくなって以降、長男○○は、毎日、自分の仕事が終わってから、無償で、私の仕事を手伝ってくれた。私が大好きな時計屋を最後まで続けられたのは、長男○○のおかげであり、大変感謝している。その労に報いるために、長男○○には、二男○○や三男○○よりも多く相続させることとした。この遺言の趣旨をよく理解して、遺言者の意思を尊重し、くれぐれも無用な紛争を起こさないことをお願いする。

長期にわたる介護を行った長女に財産を多く与えたい場合の遺言書

遺 言 書

第1条　遺言者は、遺言者名義の次の不動産及び預金債権を、遺言者の介護を長期にわたり行ってくれた長女〇〇（昭和〇年〇月〇日生）に相続させる。

（1）不動産
【土地】
　所在　　東京都〇〇〇
　地番　　〇〇〇番〇
　地目　　宅　地
　地積　　〇〇〇．〇〇㎡

【建物】
　所在　　東京都〇〇〇　〇〇〇番地〇
　家屋番号　１１１１番１
　種類　居宅
　構造　木造亜鉛メッキ鋼板葺平家建
　床面積　〇〇．〇〇㎡

（2）預金債権
　〇〇銀行　〇〇支店　普通預金　　口座番号　１２３４５６７

第2条　遺言者は、第1条に記載する不動産及び預金債権を除くその余の財産全部（公租公課、葬儀費その他一切の債務を含む）を、次の2名にそれぞれ2分の1の割合で相続させる。
　（1）長男〇〇〇〇〇（昭和〇年〇月〇日生）
　（2）二男〇〇〇〇〇（昭和〇年〇月〇日生）

（省略）

＜付言事項＞
　遺言者は、次のことを付言しておきたい。遺言者は、長女〇〇が、自分の家庭のこともあって大変なのに、ほぼ毎日遺言者の自宅に通って、遺言者の食事や身の周りの世話をしてくれたことをとても感謝している。介護が必要となった遺言者が、希望した自宅で過ごすことができたのは長女〇〇の尽力のおかげである。その労に報いるために、長女〇〇には、長男や二男よりも多く相続させることとした。この遺言の趣旨をよく理解して、遺言者の意思を尊重し、くれぐれも無用な紛争を起こさないことをお願いする。

結婚の際に支度金を受けた長女の特別受益を考慮する場合の遺言書

遺 言 書

第1条　遺言者が生前に長女〇〇〇（昭和〇年〇月〇日生）に贈与した、結婚の際の支度金金〇〇円は、共同相続人の相続分の算定にあたっては持ち戻しを免除する。

第2条　遺言者は、遺言者の有する預貯金その他一切の財産を、次の2名にそれぞれ2分の1の割合で相続させる。
　（1）長女〇〇〇〇〇（昭和〇年〇月〇日生）
　（2）二女〇〇〇〇〇（昭和〇年〇月〇日生）

（省略）

＜付言事項＞
　長女には、結婚の際に支度金として〇〇円を渡し、結婚しなかった二女にはそのような金員を渡さなかった。しかし、長女は、遺言者が年金暮らしになってから、自身の家計が苦しいにもかかわらず、遺言者のことを気にかけ、たびたび仕送りをしてくれた。このことに遺言者は非常に感謝している。したがって、遺言者が生前に長女に贈与した分は持ち戻しを免除することとした。この遺言の趣旨をよく理解して、遺言者の意思を尊重し、くれぐれも無用な紛争を起こさないことをお願いする。

長男に事業を承継させたい場合の遺言書

遺 言 書

第1条　遺言者は、遺言者の所有する〇〇株式会社（本店所在地東京都〇〇区〇〇町〇〇丁目〇〇番〇〇号）の普通株式〇〇株を、長男〇〇〇〇〇（昭和〇年〇月〇日生）に相続させる。

第2条　遺言者は、遺言者が所有する次の土地及びその土地上にある工場を、長男〇〇〇〇〇（昭和〇年〇月〇日生）に相続させる。

【土地】
　　所在　　東京都〇〇〇地番　　〇〇〇番〇
　　地目　　宅　地
　　地積　　〇〇〇．〇〇㎡

【建物】
　　所在　　東京都〇〇〇　〇〇〇番地〇
　　家屋番号　〇〇〇番〇
　　種類　　工場
　　構造　　鉄筋コンクリート造
　　床面積　〇〇．〇〇㎡

第2条　遺言者は、第1条に記載する株式及び第2条に記載する不動産を除くその余の財産全部（公租公課、葬儀費その他一切の債務を含む）を、次の2名にそれぞれ2分の1の割合で相続させる。
　　（1）長女〇〇〇〇〇（昭和〇年〇月〇日生）
　　（2）二女〇〇〇〇〇（昭和〇年〇月〇日生）

（省略）

＜付言事項＞
　遺言者は、次のことを付言しておきたい。遺言者は、〇〇株式会社を創業したが、遺言者一代で終わることなく、この先も長く社会のために貢献できる会社であってほしいと心から願っている。長男〇〇は、長年遺言者の補佐として、〇〇株式会社の維持、発展に貢献してくれた。社内の信頼も厚い。一方、長女〇〇、二女〇〇は適職を見つけ、〇〇株式会社とは別の職場で働いている。よって、長男の〇〇に〇〇株式会社を継がせることとする。事業の承継に必要な財産は長男〇〇に与えるが、その他の財産は長女〇〇と二女〇〇で仲良く分けてほしい。遺言者の希望を尊重し、くれぐれも無用な紛争を起こさないことをお願いする。

再婚相手の連れ子に財産を与えたい場合の遺言書（養子縁組していない場合）

遺 言 書

第1条　遺言者は、遺言者名義の次の預金債権を妻の長女である〇〇（昭和〇年〇月〇日生）に遺贈する。

〇〇銀行　〇〇支店　普通預金　口座番号　1234567

第2条　遺言者は、遺言者名義の次の不動産及び預金債権を妻〇〇（昭和〇年〇月〇日生）に相続させる。

（1）不動産
【土地】
　所在　　東京都〇〇〇
　地番　　〇〇〇番〇
　地目　　宅地
　地積　　〇〇〇.〇〇㎡

【建物】
　所在　　東京都〇〇〇　〇〇〇番地〇
　家屋番号　1111番1
　種類　　居宅
　構造　　木造亜鉛メッキ鋼板葺平家建
　床面積　〇〇.〇〇㎡

（2）預金債権
　〇〇銀行　〇〇支店　普通預金　口座番号　1234567

（省略）

＜付言事項＞
　遺言者は、次のことを付言しておきたい。妻の連れ子である〇〇は、遺言者にとって大切な娘である。養子縁組はしなかったが、〇〇は遺言者によくなつき、妻と共に私の面倒を最後まで見てくれて、とても感謝している。よって、私の財産は、妻と〇〇に与えることとする。本当に今までどうもありがとう。

死後にペットの世話を頼みたい場合の遺言書

遺 言 書

第1条　遺言者は、遺言者の知人である〇〇（東京都〇〇区〇〇町〇〇丁目〇〇番地在住、昭和〇年〇月〇日生）に現金〇〇万円を遺贈する。

第2条　受遺者〇〇は、前条の遺贈に対する負担として、遺言者が長年飼育してきた愛犬〇〇を引き取り大事に飼育し、その飼育状況を遺言執行者である弁護士〇〇に半年に一度報告するものとする。また、〇〇の死後は遺言者が生前に契約したペット霊園〇〇（東京都〇〇区〇〇町〇丁目〇番〇号所在）に埋葬すること。

第3条　遺言執行者として、弁護士〇〇〇〇（東京都〇〇区〇〇町〇丁目〇番〇号、昭和〇年〇月〇日生）を指定する。

第4条　遺言執行者に対する報酬は、金50万円とする。

（省略）

＜付言事項＞
　遺言者は、次のことを付言しておきたい。遺言者には、家族の一員である大切な愛犬〇〇以外には身寄りはおらず、遺言者の死後、愛犬〇〇のことが心配でならない。そこで、知人である〇〇に愛犬〇〇の世話を託す。くれぐれも愛犬〇〇のことをお願いする。

配偶者も子どももいない場合の遺言書（パターン１）

遺 言 書

第１条　遺言者は、遺言者の看護をしてくれた〇〇（東京都〇〇区〇〇町〇〇丁目〇〇番地在住、昭和〇年〇月〇日生）に遺言者の有する預貯金その他一切の財産を遺贈する。

第２条　受遺者〇〇は、前条の遺贈に対する負担として、遺言者が死亡した場合の遺体の引き取り、葬儀及び四十九日の法要を執り行い、その実施結果を遺言執行者である弁護士〇〇に報告するものとする。

第３条　遺言執行者として、弁護士〇〇〇〇（東京都〇〇区〇〇町〇丁目〇番〇号、昭和〇年〇月〇日生）を指定する。

第４条　遺言執行者に対する報酬は、金50万円とする。

（省略）

＜付言事項＞
　遺言者は、次のことを付言しておきたい。遺言者は、配偶者も子どももいない。兄弟ともずいぶん疎遠になっている。よって、残りわずかな人生の最期に療養中の身の回りの世話を親身になってしてくれた〇〇に、感謝の気持ちを込めて、全財産を渡したいと思う。〇〇には、とても感謝している。その代わり、〇〇には、私が死んだ後の遺体の引き取りや葬儀、四十九日の法要までを責任を持って執り行ってもらいたい。よろしくお願いします。

第5章　事例別文例　遺言書はこう書く！

配偶者も子どももいない場合の遺言書（パターン２）

遺 言 書

第１条　遺言者は、福祉事業に役立てるため、遺言者の有する預貯金その他一切の財産を次の団体に遺贈する。

（団体の表示）

第２条　遺言執行者として、弁護士〇〇〇〇（東京都〇〇区〇〇町〇丁目〇番〇号、昭和〇年〇月〇日生）を指定する。

第３条
　遺言執行者に対する報酬は、金50万円とする。

（省略）

＜付言事項＞
　遺言者は、次のことを付言しておきたい。遺言者は、生前とりたてて福祉のために何か貢献できたことはなく、この点を悔いている。よって、自分の死後に、遺言者の有する預貯金その他一切の財産を福祉事業のために役立ててもらえるとうれしいと考え、〇〇〇に遺贈することとした。〇〇〇は、私の想いを酌んで、少ない財産ではあるが、遺言者の財産を、福祉事業の維持発展に役立ててほしい。

財産を残したい人が先に死んでしまった場合に備える遺言書

遺 言 書

第1条　遺言者は、遺言者が所有する次の不動産を、妻〇〇〇（昭和〇年〇月〇日生）に相続させる。

【土地】
　　所在　　東京都〇〇〇
　　地番　　〇〇〇番〇
　　地目　　宅　地
　　地積　　〇〇〇.〇〇㎡

【建物】
　　所在　　東京都〇〇〇　〇〇〇番地〇
　　家屋番号　１１１１番１
　　種類　　居宅
　　構造　　木造亜鉛メッキ鋼板葺平家建
　　床面積　〇〇.〇〇㎡

第2条　遺言者は、妻〇〇〇が遺言者の相続開始以前に死亡していた場合には、妻〇〇〇に相続させるとしていた前条の財産を、妻の連れ子である〇〇（昭和〇年〇月〇日生）に遺贈する。

（省略）

葬儀等のやり方に希望がある場合の遺言書

遺 言 書

第1条　遺言者は、遺言者の有する預貯金その他一切の財産を、次の3名にそれぞれ3分の1の割合で相続させる。
　（1）長男〇〇〇〇〇（昭和〇年〇月〇日生）
　（2）二男〇〇〇〇〇（昭和〇年〇月〇日生）
　（3）三男〇〇〇〇〇（昭和〇年〇月〇日生）

第2条　遺言者は、葬儀及び納骨が次のとおり執り行われることを希望する。
　（1）葬儀は、告別式は執り行わず、身内と親類縁者だけの密葬としてください。
　（2）遺言者の死亡後は火葬し、納骨は、〇〇寺（東京都〇〇区〇〇町〇丁目〇番〇号）にしてください。

（省略）

エピローグ

本書では、七つの代表的な遺産分割争いのケースを紹介しましたが、これ以外にもさまざまな局面で遺産分割争いは起こり得ます。

そして、この遺産分割争いを防ぐのに最も有効な手段が、本書で再三にわたって説明してきた「争いを招かない遺産分割を定めた遺言書」なのです。

ほとんどの遺産分割争いは、適正な遺産分割を定めた遺言書を作成するという、被相続人の事前の対策によって防ぐことができます。

私がこの本を書くきっかけとなったのは、弁護士になってすぐに経験した凄まじい遺産分割争いです。

それまで仲が良かった兄弟姉妹が、母親の死をきっかけに、まず、兄と弟がもめ始め、姉と妹を巻き込む形で紛争へと発展し、裁判所で長期にわたって争うことになってしまいました。

もし、母親が、争う余地のない適正な遺産分割を定めた遺言書さえ作っておけば、この兄弟

姉妹はこんなにもめることはなく、仲の良いままでいられたことでしょう。母親だって、自分の財産をめぐって、まさか子供たちがこんなに憎しみ合うとは思ってもみなかったでしょうし、望んでもいなかったと思います。

だからこそ、みなさんにはぜひ「争いを招かない遺産分割を定めた遺言書」を作成してほしいのです。

本書を読んでいただいたみなさんには、争いを招かないために、遺言を書くという作業が、そう難しいことではないことがわかっていただけたと思います。健康で元気なうちに、自分にどのような相続財産があるのか、誰にどのような形で分け与えたいのか、しっかりと検討してみてください。

そして、本書を参考にして、ぜひ、「争いを招かない遺産分割を定めた遺言書」を作成してみましょう。

そうすることで、あなたの大切な親族が苦労し、傷つくことを避けることができます。

そして、本書の付録のエンディングノートとスターティングノートもぜひ活用してみてください。

相続は、「人の想い」がとても大きく関わる局面です。自分のことについて、深く掘り下げて考える機会を持ち、また、自分の人生や財産、身の回りのことを整理するのに、前記の二つのノートはとても有効です。

これらのノートは、あなたの人生を振り返るきっかけとなり、また、新しいスタートを切るきっかけにもなるでしょう。

そして本書が、少しでも多くの人に遺言書を書いてもらうきっかけとなることを願っています。

巻末付録

エンディングノート＆スターティングノート

エンディングノート

〈自己情報〉

名前（ふりがな）				血液型	
生年月日		干支		星座	
住　　所					
本　　籍					
出 生 地					
電話番号					
携帯番号					
FAX番号					
緊急のときに、伝えてほしい人	名　前				
	連絡先				
	名　前				
	連絡先				
備考欄					

〈運転免許証、パスポート、公的保険、年金等〉

運転免許証	番号： [保管場所]
パスポート	旅券番号： [保管場所]
健康保険証	種類：　　　記号：　　　番号： [保管場所]
介護保険証	被保険者番号： [保管場所]
後期高齢者 医療保険証	被保険者番号： [保管場所]
年金(公的年金)	種類：　　　基礎年金番号： [保管場所]
年金(私的年金)	種類：　　　証券番号： [保管場所] 内容(担当者・連絡先・受取期間・年金額など)

備考欄	

〈クレジットカード〉

カードの名称			
カード番号		ブランド(VISA,JCBなど)	
保管場所			
カードの名称			
カード番号		ブランド(VISA,JCBなど)	
保管場所			
カードの名称			
カード番号		ブランド(VISA,JCBなど)	
保管場所			

〈生命保険・損害保険〉

保　険　会　社		担　当　者	
住　　　　　所				
電話・FAXなど				
保険の名前・種類		証券番号	
保　険　金　額		満　期　日	
契約者・被保険者・受取人	契　約　者	被保険者	受　取　人
証券等の保管場所				
備考欄				

保　険　会　社		担　当　者	
住　　　　　所				
電話・FAXなど				
保険の名前・種類		証券番号	
保　険　金　額		満　期　日	
契約者・被保険者・受取人	契　約　者	被保険者	受　取　人
証券等の保管場所				
備考欄				

保　険　会　社		担　当　者	
住　　　　　所				
電話・FAXなど				
保険の名前・種類		証券番号	
保　険　金　額		満　期　日	
契約者・被保険者・受取人	契　約　者	被保険者	受　取　人
証券等の保管場所				
備考欄				

巻末付録　　エンディングノート＆スターティングノート

〈病気について〉

病　院　名		通院頻度	
所　在　地			
電　話　番　号			
担当医・担当科			
病　　　名			
飲んでいる薬			
備考欄			

病　院　名		通院頻度	
所　在　地			
電　話　番　号			
担当医・担当科			
病　　　名			
飲んでいる薬			
備考欄			

病　院　名		通院頻度	
所　在　地			
電　話　番　号			
担当医・担当科			
病　　　名			
飲んでいる薬			
備考欄			

アレルギーなど

〈家族・親族について〉

名前（ふりがな）	［あなたのと関係］
生 年 月 日	
住 所	
電話・FAXなど	
備考欄	

名前（ふりがな）	［あなたのと関係］
生 年 月 日	
住 所	
電話・FAXなど	
備考欄	

名前（ふりがな）	［あなたのと関係］
生 年 月 日	
住 所	
電話・FAXなど	
備考欄	

名前（ふりがな）	［あなたのと関係］
生 年 月 日	
住 所	
電話・FAXなど	
備考欄	

名前（ふりがな）	［あなたのと関係］
生　年　月　日	
住　　　　　所	
電話・FAXなど	
備考欄	

名前（ふりがな）	［あなたのと関係］
生　年　月　日	
住　　　　　所	
電話・FAXなど	
備考欄	

名前（ふりがな）	［あなたのと関係］
生　年　月　日	
住　　　　　所	
電話・FAXなど	
備考欄	

名前（ふりがな）	［あなたのと関係］
生　年　月　日	
住　　　　　所	
電話・FAXなど	
備考欄	

〈自分史年表〉

年　齢	イベント(印象的な出来事を書いて、人生を振り返りましょう!!)
0	
1	
2	
3	
4	
5	
6	
7	
8	
9	
10	
11	
12	
13	
14	
15	
16	
17	
18	
19	
20	
21	
22	
23	
24	
25	
26	
27	
28	
29	
30	
31	
32	
33	
34	
35	

巻末付録　エンディングノート&スターティングノート

36
37
38
39
40
41
42
43
44
45
46
47
48
49
50
51
52
53
54
55
56
57
58
59
60
61
62
63
64
65
66
67
68
69
70
71
72
73

74	
75	
76	
77	
78	
79	
80	
81	
82	
83	
84	
85	
86	
87	
88	
89	
90	
91	
92	
93	
94	
95	
96	
97	
98	
99	
100	▼

あなたが人生において最も大切にしてきたこと

巻末付録　エンディングノート&スターティングノート

〈学　歴〉

学　校　名	
入 学 年 月 日	卒 業 年 月 日
印象的な出来事	

学　校　名	
入 学 年 月 日	卒 業 年 月 日
印象的な出来事	

学　校　名	
入 学 年 月 日	卒 業 年 月 日
印象的な出来事	

学　校　名	
入 学 年 月 日	卒 業 年 月 日
印象的な出来事	

学　校　名	
入 学 年 月 日	卒 業 年 月 日
印象的な出来事	

〈職　歴〉

会　社　名	
入 社 年 月 日	退 社 年 月 日
印象的な出来事	

会　社　名	
入 社 年 月 日	退 社 年 月 日
印象的な出来事	

●資格・免許

●趣味・特技

●好きなもの（好きな本・好きな音楽・好きな映画・好きな花など）

●座右の銘、好きな言葉など

巻末付録　エンディングノート&スターティングノート

人生の中で心に残る出来事 〜人生のベスト3〜

〈家系図〉

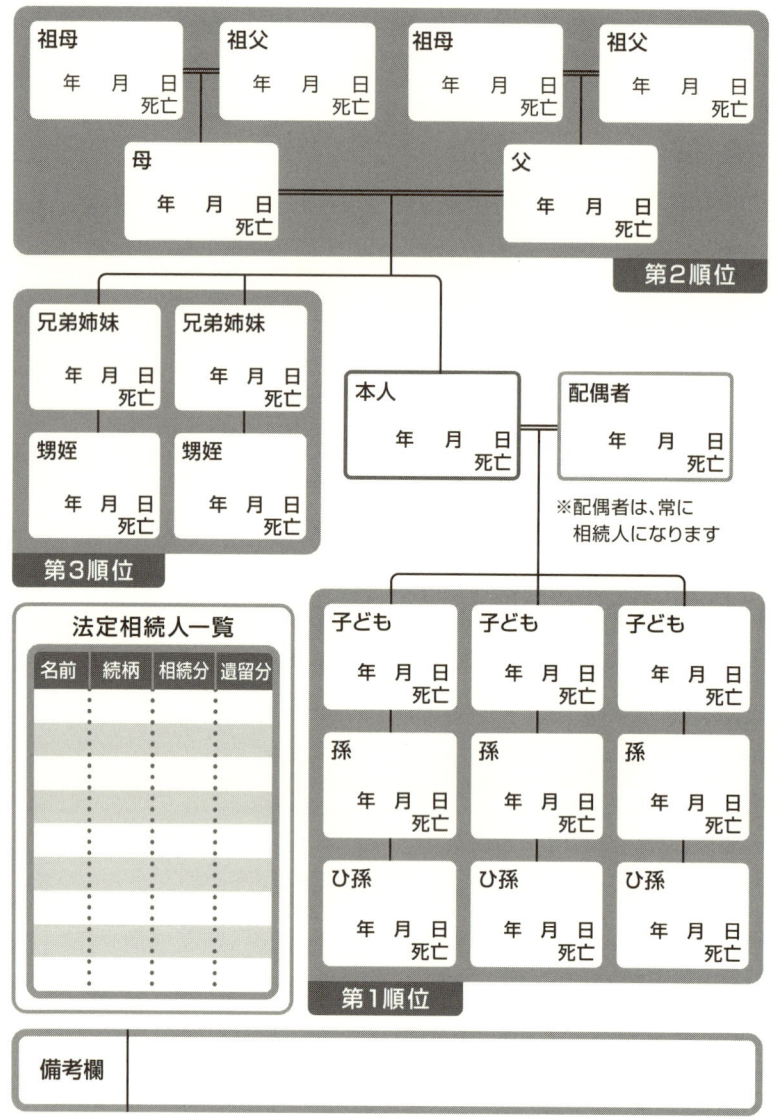

| 祖母 年 月 日 死亡 | 祖父 年 月 日 死亡 | 祖母 年 月 日 死亡 | 祖父 年 月 日 死亡 |

母 年 月 日 死亡 ─── 父 年 月 日 死亡

第2順位

兄弟姉妹 年 月 日 死亡
兄弟姉妹 年 月 日 死亡
甥姪 年 月 日 死亡
甥姪 年 月 日 死亡

第3順位

本人 年 月 日 死亡 ─── 配偶者 年 月 日 死亡

※配偶者は、常に相続人になります

子ども 年 月 日 死亡
子ども 年 月 日 死亡
子ども 年 月 日 死亡

孫 年 月 日 死亡
孫 年 月 日 死亡
孫 年 月 日 死亡

ひ孫 年 月 日 死亡
ひ孫 年 月 日 死亡
ひ孫 年 月 日 死亡

第1順位

法定相続人一覧

名前	続柄	相続分	遺留分

備考欄

※すでに亡くなっている親族には×印をつけて、死亡年月日を書いておきます。
法定相続人が誰になるかわかったら、○で囲みましょう。

巻末付録　エンディングノート&スターティングノート

〈財産について〉

●現金

保管している場所もしくは人	金　額	譲りたい人

●預貯金

金融機関名		支店名	
口座種別		口座番号	
名　義　人		金　額	
保管場所			
譲りたい人			

金融機関名		支店名	
口座種別		口座番号	
名　義　人		金　額	
保管場所			
譲りたい人			

金融機関名		支店名	
口座種別		口座番号	
名　義　人		金　額	
保管場所			
譲りたい人			

金融機関名		支店名	
口座種別		口座番号	
名　義　人		金　額	
保管場所			
譲りたい人			

● 株式・国債等

金融機関名		銘　　　柄	
口 座 種 別		口 座 番 号	
名　義　人		評　価　額	
保 管 場 所			
譲りたい人			

金融機関名		銘　　　柄	
口 座 種 別		口 座 番 号	
名　義　人		評　価　額	
保 管 場 所			
譲りたい人			

● 自動車

車　　　種		年　　　式	
評　価　額		譲りたい人	

● その他

資　産　名		評　価　額	
保 管 場 所		譲りたい人	

資　産　名		評　価　額	
保 管 場 所		譲りたい人	

資　産　名		評　価　額	
保 管 場 所		譲りたい人	

資　産　名		評　価　額	
保 管 場 所		譲りたい人	

資　産　名		評　価　額	
保 管 場 所		譲りたい人	

資　産　名		評　価　額	
保 管 場 所		譲りたい人	

巻末付録　エンディングノート&スターティングノート

● 不動産（土地）

所　　在	
地　　番	地　目　　　　　　地　積
評　価　額	持ち分　　　　　　抵当権　有・無
保管場所	
譲りたい人	

所　　在	
地　　番	地　目　　　　　　地　積
評　価　額	持ち分　　　　　　抵当権　有・無
保管場所	
譲りたい人	

● 不動産（建物）

所　　在	
家屋番号	種　類　　　　　　床面積
評　価　額	持ち分　　　　　　抵当権　有・無
保管場所	
譲りたい人	

所　　在	
家屋番号	種　類　　　　　　床面積
評　価　額	持ち分　　　　　　抵当権　有・無
保管場所	
譲りたい人	

備考欄	

● 借入金・ローン

借入先(相手・連絡先)			
借　入　額		残　　　高	
返　済　方　法		返　済　期　限	
毎　月　の　返　済　日		毎月の返済額	
担　　　保	無・有(		)
保　証　人	無・有(保証人名		)
備考欄			

借入先(相手・連絡先)			
借　入　額		残　　　高	
返　済　方　法		返　済　期　限	
毎　月　の　返　済　日		毎月の返済額	
担　　　保	無・有(		)
保　証　人	無・有(保証人名		)
備考欄			

● 保証債務(保証人)　※主債務者(あなたが保証した人) 債権者(お金を貸した人)

主債務者(名前・連絡先)			
債　権　者(名前・連絡先)			
保　証　し　た　金　額		保　証　し　た　日	
備考欄			

主債務者(名前・連絡先)			
債　権　者(名前・連絡先)			
保　証　し　た　金　額		保　証　し　た　日	
備考欄			

巻末付録　エンディングノート&スターティングノート

●すでに贈与した財産

資産名	日　付	贈与した人	評価額

財産について特に伝えておきたいこと

〈医療・告知について〉

●介護が必要になった場合

介護の方法について
- □自宅での介護を希望する　　□(　　　)の家での介護を希望する
- □病院や専門施設での介護を希望する　□家族に判断を任せる
  - ●利用したい病院・施設　　□その他
  - [名称：　　　　　　　　]　(　　　　　　　　　　　)
  - [連絡先など：　　　　　　　]

介護費用について
- □預貯金や年金を使う(　　　　　　　　　　　　　　　　　)
- □保険に加入している(　　　　　　　　　　　　　　　　　)
- □用意していない
- □その他(　　　　　　　　　　　　　　　　　　　　　　　)

財産管理について
- □任意後見契約を締結している
  - [名前：　　　　　　　]　[連絡先：　　　　　　　　　]
  - [契約内容：　　　　　　]　[書面の保管場所：　　　　　]
- □財産管理を(　　　　　　　)にお願いしたい
  - [連絡先：　　　　　　　　　　　　　　　　　　　　　　]
- □その他(　　　　　　　　　　　　　　　　　　　　　　　)

●ガンなど不治の病と診断された場合

- □病名・余命の告知を希望する　　□病名のみの告知を希望する
- □病名・余命の告知を希望しない　□家族に判断を任せる
- □その他(　　　　　　　　　　　　　　　　　　　　　　　)

●延命治療の希望について

- □延命治療を希望する　　□回復の見込みがあれば延命治療を希望する
- □苦痛緩和は希望するが延命のみの治療は希望しない
- □家族に判断を任せる　　□延命治療を希望しない
- □尊厳死を希望し、書面を作成している[保管場所：　　　　　]
- □その他(　　　　　　　　　　　　　　　　　　　　　　　)

●臓器提供・献体について

□希望しない
□希望する
　　➡　□健康保険証の裏に記入している
　　　　□運転免許証の裏に記入している
　　　　□登録先がある [登録先:　　　　　　　　　　　]
□その他(　　　　　　　　　　　　　　　　　　　　　　)

医療・告知について特に伝えておきたいこと

〈葬儀・お墓について〉

● 葬儀について

葬儀をするかしないかについて
葬儀を　□してほしい　　□しなくてよい　　□家族に任せる 　　　　□その他（　　　　　　　　　　　　　　　　　　　）

葬儀の方法について
□葬儀会社・会場の希望がある　□事前の予約がある　□家族に任せる

葬儀会社		担当者	
連絡先			
会場名			
備考欄			

□宗教・宗派の希望がある　　□とくにない

宗教・宗派		
菩提寺・希望の寺院・神社・教会など	名称	
	住所・電話番号など	
備考欄		

葬儀の費用について
□用意していない □用意している 　➡　□現金［保管場所：　　　　　　金額：　　　　　　］ 　　　□預貯金

金融機関名		支店名	
口座種別		口座番号	
名義人		金額	

□その他（　　　　　　　　　　　　　　　　　　　　　　　）

葬儀の規模について
□密葬　□家族葬　□一般葬　□その他（　　　　　　　　　）

巻末付録　　エンディングノート&スターティングノート

戒名・法名について
☐つけてほしい　☐つけないでほしい
☐すでに持っている[戒名：　　　　　　　　　　宗派：　　　　　　　　]
☐その他(　　　　　　　　　　　　　　　　　　　　　　　　　　　　)

喪主について
☐喪主になってほしい人がいる[名前：　　　　　　　　　　　　　　　]
☐家族に任せる

挨拶について
☐挨拶をお願いしたい人がいる[名前：　　　　　　　　　　　　　　　]
☐特に考えていない

遺影について
☐使ってほしい写真がある[保管場所：　　　　　　　　　　　　　　　]
☐特に考えていない

納棺時の服装について
☐希望の服がある[どのような服か：　　　　　保管場所：　　　　　　]
☐特に考えていない

葬儀で流したい音楽・使用したい花について
☐葬儀で流したい音楽がある[曲名：　　　　　　　　　　　　　　　　]
☐祭壇に使用してほしい花がある[花の名前：　　　　　　　　　　　　]
☐献花に使用してほしい花がある[花の名前：　　　　　　　　　　　　]
☐特に考えていない

棺・骨壺に入れてほしいものについて
☐以下のものを入れてほしい　　☐特に考えていない

葬儀について特にこだわりたいところ

● 葬儀に呼んでほしい人

名　前	関　係	住所・連絡先

巻末付録　エンディングノート&スターティングノート

●お墓について

埋葬方法

☐先祖代々のお墓に納骨してほしい

名称（霊園名等）	
所在地・連絡先	

☐すでに購入してあるお墓に納骨してほしい

名称（霊園名等）	
所在地・連絡先	

☐新たにお墓を建ててほしい　　　☐永代供養にしてほしい
☐以下の場所において散骨してほしい

☐以下の場所において樹木葬にしてほしい

☐家族に任せる
☐その他（　　　　　　　　　　　　　　　　　　　　　）

墓碑銘について

☐特に希望はない
☐以下の希望がある

お墓や仏壇などについて

☐特に希望はない
☐以下の希望がある

〈大切な人へ伝えたいこと〉

```
------------------------ へ
```

```
------------------------ へ
```

```
------------------------ へ
```

〈相続について〉

遺言書を　□作成している　　□作成していない

遺言書の種類	□自筆証書遺言　□公正証書遺言　□秘密証書遺言
作成年月日	年　　　　　月　　　　　日　作成
保 管 場 所	
備考欄	

遺言執行者を　□定めている　　□定めていない

氏　　　　名	
住　　　　所	
電話・FAX	
備考欄	

相続についての希望や伝えたいこと

スターティングノート

〈あなたについて〉

名前（ふりがな）				血液型	
生年月日		干支		星座	
資 格・免 許					
趣 味・特 技					
好 き な 本					
好 き な 音 楽					
好 き な 映 画					
好 き な 色					
好きな食べ物					
好 き な 場 所					
好きな言葉・座右の銘					
そ の 他					

巻末付録　エンディングノート&スターティングノート

〈未来年表〉

●あなたが実現したいことをどんどん書き込んでみましょう!!

年 号	年 齢	イベント

〈未来年表〉

年号	年齢	イベント

巻末付録　エンディングノート&スターティングノート

〈これからやりたいことリスト〉

☐	☐ 実行できた
☐	☐ 実行できた
☐	☐ 実行できた
☐	☐ 実行できた
☐	☐ 実行できた
☐	☐ 実行できた
☐	☐ 実行できた
☐	☐ 実行できた
☐	☐ 実行できた
☐	☐ 実行できた
☐	☐ 実行できた
☐	☐ 実行できた
☐	☐ 実行できた
☐	☐ 実行できた
☐	☐ 実行できた
☐	☐ 実行できた
☐	☐ 実行できた
☐	☐ 実行できた
☐	☐ 実行できた

☐	☐ 実行できた
☐	☐ 実行できた
☐	☐ 実行できた
☐	☐ 実行できた
☐	☐ 実行できた
☐	☐ 実行できた
☐	☐ 実行できた
☐	☐ 実行できた
☐	☐ 実行できた
☐	☐ 実行できた
☐	☐ 実行できた
☐	☐ 実行できた
☐	☐ 実行できた
☐	☐ 実行できた
☐	☐ 実行できた
☐	☐ 実行できた
☐	☐ 実行できた
☐	☐ 実行できた
☐	☐ 実行できた

巻末付録　エンディングノート&スターティングノート

〈人生のバランスシート〉

家族、友人関係、健康、趣味、社会貢献、お金の面でバランスがとれた人生は、幸福度が高いと言われていますが、あなたの人生はいかがでしょうか。

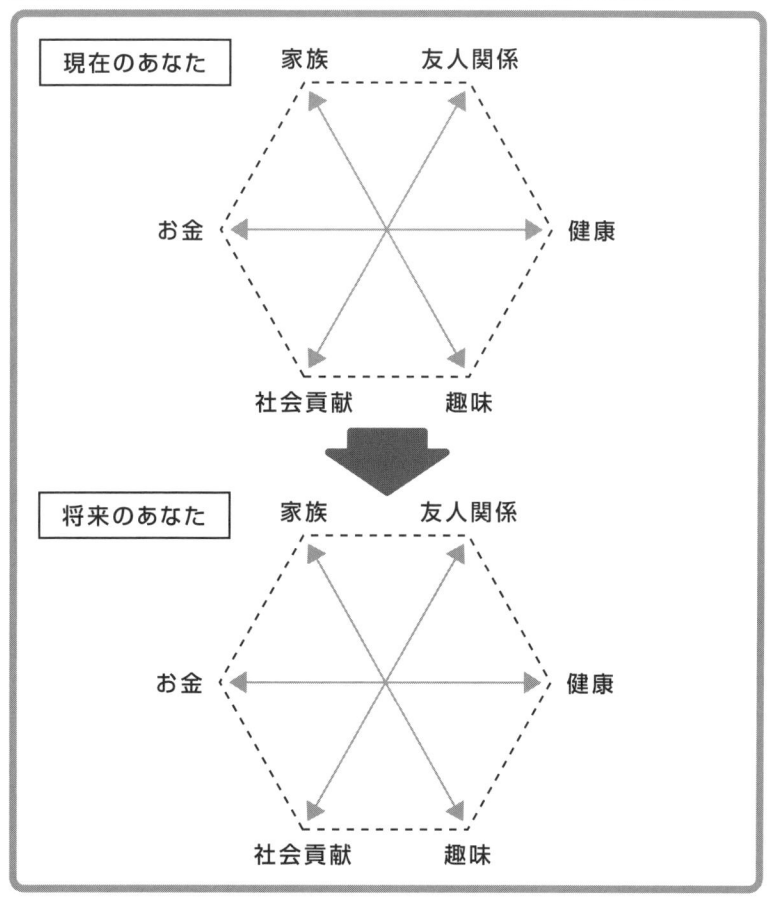

現在のあなた

（六角形の図：家族、友人関係、健康、趣味、社会貢献、お金）

将来のあなた

（六角形の図：家族、友人関係、健康、趣味、社会貢献、お金）

❶ 自分が死ぬ時に、心の底から「いい人生だった」と言えるために、家族、友人関係、健康、趣味、社会貢献、お金の面での自分のミッション（使命）を明確にしましょう。

❷ そして、そのミッション（使命）を実現するための、行動計画を立ててみましょう。

〈家族のこと〉

❶ 自分が死ぬ時に、心の底から「いい人生だった」と言えるために、
家族面での自分のミッション（使命）を明確にしましょう。

❷ そして、そのミッション（使命）を実現するための、
行動計画を立ててみましょう。

内　　容	
いつまでに	
予　　算	
具体的な計画	□ 実現できた

内　　容	
いつまでに	
予　　算	
具体的な計画	□ 実現できた

内　　容	
いつまでに	
予　　算	
具体的な計画	□ 実現できた

〈友人のこと〉

❶ 自分が死ぬ時に、心の底から「いい人生だった」と言えるために、
友人面での自分のミッション(使命)を明確にしましょう。

❷ そして、そのミッション(使命)を実現するための、
行動計画を立ててみましょう。

内　　　容	
いつまでに	
予　　　算	
具体的な計画	□ 実現できた

内　　　容	
いつまでに	
予　　　算	
具体的な計画	□ 実現できた

内　　　容	
いつまでに	
予　　　算	
具体的な計画	□ 実現できた

〈会いたい人〉

会いたい人	
いつごろまでに	
具体的な計画	□ 実現できた

会いたい人	
いつごろまでに	
具体的な計画	□ 実現できた

会いたい人	
いつごろまでに	
具体的な計画	□ 実現できた

会いたい人	
いつごろまでに	
具体的な計画	□ 実現できた

会いたい人	
いつごろまでに	
具体的な計画	□ 実現できた

巻末付録　エンディングノート&スターティングノート

〈健康のこと〉

❶ 自分が死ぬ時に、心の底から「いい人生だった」と言えるために、
　健康面での自分のミッション(使命)を明確にしましょう。

❷ そして、そのミッション(使命)を実現するための、
　行動計画を立ててみましょう。

内　　　容	
いつまでに	
予　　　算	
具体的な計画	□ 実現できた

内　　　容	
いつまでに	
予　　　算	
具体的な計画	□ 実現できた

内　　　容	
いつまでに	
予　　　算	
具体的な計画	□ 実現できた

〈健康について〉

毎日のスケジュール	
時間 AM 0 / 1 / 2 / 3 / 4 / 5 / 6 / 7 / 8 / 9 / 10 / 11 / PM 12 / 1 / 2 / 3 / 4 / 5 / 6 / 7 / 8 / 9 / 10 / 11	●朝起きてやること □ □ □ □ □ ●理想の食事 (朝) (昼) (夕) ●日々の運動 □ □ ●夜寝る前にやること □ □ □ □ □

〈健康のために心がけること〉

□	□ 実行できた
□	□ 実行できた
□	□ 実行できた
□	□ 実行できた
□	□ 実行できた

巻末付録　　エンディングノート＆スターティングノート

〈趣味のこと〉

❶ 自分が死ぬ時に、心の底から「いい人生だった」と言えるために、
趣味の面での自分のミッション（使命）を明確にしましょう。

❷ そして、そのミッション（使命）を実現するための、
行動計画を立ててみましょう。

内　　容	
いつまでに	
予　　算	
具体的な計画	□ 実現できた

内　　容	
いつまでに	
予　　算	
具体的な計画	□ 実現できた

内　　容	
いつまでに	
予　　算	
具体的な計画	□ 実現できた

〈読みたい本〉

本 の 題 名	
著 者 名	
本 の 感 想	☐ 読んだ

本 の 題 名	
著 者 名	
本 の 感 想	☐ 読んだ

本 の 題 名	
著 者 名	
本 の 感 想	☐ 読んだ

本 の 題 名	
著 者 名	
本 の 感 想	☐ 読んだ

本 の 題 名	
著 者 名	
本 の 感 想	☐ 読んだ

巻末付録　　エンディングノート＆スターティングノート

〈見たい映画〉

映 画 の 題 名	
監 督・俳 優 名	
映 画 の 感 想	☐ 見た

映 画 の 題 名	
監 督・俳 優 名	
映 画 の 感 想	☐ 見た

映 画 の 題 名	
監 督・俳 優 名	
映 画 の 感 想	☐ 見た

映 画 の 題 名	
監 督・俳 優 名	
映 画 の 感 想	☐ 見た

映 画 の 題 名	
監 督・俳 優 名	
映 画 の 感 想	☐ 見た

〈旅行について〉

行きたい場所	
いつごろまでに	
予　　　算	
具体的な計画	□ 実現できた

行きたい場所	
いつごろまでに	
予　　　算	
具体的な計画	□ 実現できた

行きたい場所	
いつごろまでに	
予　　　算	
具体的な計画	□ 実現できた

行きたい場所	
いつごろまでに	
予　　　算	
具体的な計画	□ 実現できた

〈行ってみたいお店（レストランなど）〉

店　　　名	
住所・電話	
予　　　算	□ 実現できた

店　　　名	
住所・電話	
予　　　算	□ 実現できた

店　　　名	
住所・電話	
予　　　算	□ 実現できた

店　　　名	
住所・電話	
予　　　算	□ 実現できた

店　　　名	
住所・電話	
予　　　算	□ 実現できた

〈社会貢献（ボランティア活動など）のこと〉

❶ 自分が死ぬ時に、心の底から「いい人生だった」と言えるために、
社会貢献面での自分のミッション（使命）を明確にしましょう。

❷ そして、そのミッション（使命）を実現するための、
行動計画を立ててみましょう。

内　　　容	
いつまでに	
予　　　算	
具体的な計画	

☐ 実現できた

内　　　容	
いつまでに	
予　　　算	
具体的な計画	

☐ 実現できた

内　　　容	
いつまでに	
予　　　算	
具体的な計画	

☐ 実現できた

巻末付録　　エンディングノート&スターティングノート

〈お金のこと〉

❶ 自分が死ぬ時に、心の底から「いい人生だった」と言えるために、
お金の面での自分のミッション（使命）を明確にしましょう。

```
┌─────────────────────────────┐
│                             │
│                             │
│                             │
└─────────────────────────────┘
```

❷ そして、そのミッション（使命）を実現するための、
行動計画を立ててみましょう。

内　　容	
いつまでに	
目　標　額	
具体的な計画	□ 実現できた

内　　容	
いつまでに	
目　標　額	
具体的な計画	□ 実現できた

内　　容	
いつまでに	
目　標　額	
具体的な計画	□ 実現できた

〈　　　　　　　のためにやりたいこと〉

内　容	
いつまでに	
予　算	
具体的な計画	

☐ 実現できた

内　容	
いつまでに	
予　算	
具体的な計画	

☐ 実現できた

内　容	
いつまでに	
予　算	
具体的な計画	

☐ 実現できた

内　容	
いつまでに	
予　算	
具体的な計画	

☐ 実現できた

巻末付録　　エンディングノート&スターティングノート

〈人生のイメージ図〉

こうありたいと思う人生のイメージを写真や絵で
視覚的に表現してみましょう!!

あなたの残りの人生が素晴らしいものになりますように。

著者略歴

芳賀 由紀子（はが ゆきこ）

弁護士。大学卒業後JRに入社。法務室に配属され自分のアドバイスで人が笑顔になることに喜びを感じ、一念発起して弁護士を目指す。法科大学院在学中は特待生として授業料免除を受け、その後司法試験に合格。弁護士になってすぐに経験した遺産分割事件で親族間の凄まじい紛争を目の当たりにし、もっと相続を明るいものにしたいと心の底から思うようになる。日々の業務の中で多数の相続案件を取り扱うとともに、「ベスト・クロージング」（有限責任事業組合）において、『人生の総仕上げをポジティブ＆アクティブに』という理念のもと、上級終活カウンセラーや税理士、マネー＆ライフ専門家、エンディングノートアドバイザー、動画・映像ディレクターなどの分野の異なるスペシャリストとともに相続＆終活のサポートを行なっている。NPO法人遺言・相続リーガルネットワーク所属。日本交通法学会会員。日本賠償科学会会員。

主な著作：『交通事故実務マニュアル』（共著、ぎょうせい、2012年）『Q＆Aでわかる民事執行の実務』（共著、日本法令、2013年）『ガイドブック民事保全の実務』（共著、創耕舎、2014年）『図解労働法〔平成26年版〕』（共著、大蔵財務協会、2014年）『離婚・離縁事件実務マニュアル』（共著、ぎょうせい、2015年）

●ベスト・クロージングHP　http://bestclosing.blogspot.jp/

遺言書作成のための
適正な遺産分割の考え方・やり方

平成27年4月30日　初版発行

著　者 ——— 芳賀　由紀子
発行者 ——— 中島　治久

発行所 ——— 同文舘出版株式会社

　　　　　　東京都千代田区神田神保町1-41　〒101-0051
　　　　　　電話　営業03（3294）1801　編集03（3294）1802
　　　　　　振替00100-8-42935　http://www.dobunkan.co.jp

©Y.Haga　ISBN978-4-495-53011-2
印刷／製本：三美印刷　Printed in Japan 2015

JCOPY〈出版者著作権管理機構 委託出版物〉

本書の無断複製は著作権法上での例外を除き禁じられています。複製される場合は、そのつど事前に、出版者著作権管理機構（電話 03-3513-6969、FAX 03-3513-6979、e-mail: info@jcopy.or.jp）の許諾を得てください。

仕事・生き方・情報を DO BOOKS サポートするシリーズ

社員をホンキにさせるブランド構築法
組織として築き上げる「チームブランディング」が会社を強くする

一般財団法人ブランド・マネージャー認定協会著

会社の規模や業種に関係なくブランドは自社で構築できる！ チームブランディングとは何か、どう構築するか、実例を織り交ぜて解説　　本体 2,000 円

ビジネス図解
不動産のしくみがわかる本
不動産開発、不動産の「価値」と「評価」のしくみがよくわかる！

向井 博監修・中山 聡著

不動産のすべてがまるごとわかる！ 基礎80項目を厳選しビジュアルな図解とわかりやすい解説で、不動産の知識が身につく入門書　　本体 1,700 円

ビジネス図解
通販のしくみがわかる本
小資金でも参入できる、通販の「ビジネスモデル」と「儲け方」

大石 真著

小さな会社でも通販は成功する！ 支援実績500社のリピート通販実務コンサルタントが解説する、通販のしくみと実務がよくわかる1冊　　本体 1,700 円

同文舘出版

※本体価格に消費税は含まれておりません